神仏に愛されるスピリチュアル作法

桜井識子

PHP文庫

○本表紙図柄＝ロゼッタ・ストーン（大英博物館蔵）
○本表紙デザイン＋紋章＝上田晃郷

文庫版はじめに

本書は2015年に刊行した『幸せになるひっそりスピリチュアル作法』（主婦と生活社）という単行本を改題し、加筆・修正をして文庫化したものです。

さまざまな悩みについてのアドバイス的なものがテーマなので、私の他の著書のように、神様や仏様のことをストレートに、濃くお伝えする内容とは違っています。日常生活に関するお話が多いため、エッセイのような感覚で読んでいただける1冊となっています。

文庫化にあたって1章分の書き下ろしを加えております。神社仏閣の紹介をこの本の最後でするのはちょっと違うので、第七章には私と元夫のお話を書きました。

いままでどの著書にも、初めて私の本を読む方への説明として、「元夫」という単語のあとに、「2回目の結婚をした相手で、婚姻は解消していますが、人生のパートナーとしていまでも仲良くしています」と補足してきました。

ソウルメイトのお話を書いた本では、元夫がソウルメイトであることも書いています。

具体的に言えば、別居婚みたいな感じなのですが、仲良しなのに、また、ソウルメイトでもあるのに、どうして離婚をしたのか……というのが、皆様が不思議に思われるところではないでしょうか。そのような質問もいただいてきました。

いつか離婚について書かなくては……と考えていましたが、神社仏閣を紹介する本に自分のプライベートなお話は書けません。書くとしたら、テーマ的に本書しかないと思っていたのです。

この度、文庫化されるというありがたい機会に恵まれ、興味がない方もおられるとは思いますが、思いきって書くことにしました。離婚理由は少し暗い部分があるため、2人のごく普通のエピソードもフォローとしていくつか入れています。

単行本として刊行した2015年、私は介護のお仕事をしていました。文中には介護職時代のお話がたくさん出てきます。その部分の文章を過去形にするかどうか迷ったのですが、臨場感を味わっていただきたいので、あえて修正せず、現在形のままにしています。

介護職の良さや高齢の方の素晴らしさ、認知症の方のピュアなところなど、本書を通じて知っていただければ嬉しく思います。

2020年3月吉日

桜井識子

はじめに

この本を手に取ってくださって、ありがとうございます。

読者の方から多くのメッセージが日々ブログに届くのですが、神仏関係についての質問だけでなく、意外と多いのが人生相談です。

読ませてもらっていて、「あー、そこはこう考えると楽になると思いますよ～」とか、「こっちの面から考えるとしんどくないですよ～」と、思うことがよくあります。

実際の生活でも人の相談にのっていていつも思うことは、真面目な人は悩む時もキッチリ真面目に悩む、です。本人は気づいていないのですが、本当に一生懸命に悩んでいて、「そんなに根を詰めて悩まなくても……」と思ったりします。

そして、悩み方というか、思考方法が一直線のことも多いです。律義に一本道で悩んでいるのです。

まっすぐ行かなくても右から行く方法もあるし、左から回り込む方法もあるし、時には上空から行ってみたら？　ということもあるのですが、本人の見ている道が一本道なので、それ以外に道はない、と思い込んでいるのです。

なので、ずっと悩みがループしたり、解決方法がなかったりするみたいです。しんどいだろうな、と思います。

一直線に悩まないとはどういうことかと言いますと、私を例にしてお話をします。

私は車を持っていません。介護の仕事を始めた時に「え？　車、持ってないの？」「そんなに貧乏なの？」みたいなことをよく言われました。

通勤も、電車で通っていたのは私1人で、他の人はみんな車で通勤していました。駅から歩くなんてかわいそう、という目で見られていました。

この状況を、〝車を持っていない私〟にフォーカスすると悩みが生じます。

みんな持っているのに私だけが持っていない、変な同情をされるし、かっこ悪いし、貧乏って思われるし、ああ、みじめだわ……と、どんどんかわいそうな人になっていきます。

そうなると次に考えるのは、買おうかな、ということです。でも、ローンを払うのはもったいない、そのお金で旅行に行きたいし、ああ、どうしよう、となって、もんもんと悩むことになります。

でも、実際は車がないから歩くわけで、通勤時はもちろん、どこに行くにも歩くことが平気になります。徒歩1時間はちょっと遠いかなと思いますが、30分なら、すぐそこ、という感じです。普通に歩ける距離です。おかげで山登りもできますし、足腰も弱りません。同い年の同僚は徒歩5分でも、「もうそんなに歩けない、無理」と言っています。

人にどう思われても、「車いらないし～」と自分が思っていれば、悩みも生じないわけです。

「車がない」という状況は同じでも、考え方の違いで、一方の私はみじめだと悩んでいて、もう一方の私は、持たないおかげで元気、と平気なのです。

このように、考え方次第で消える悩みも少なからずあると思います。

抱えている悩みが、消せる悩みだったら、どんどん消していけばいいのではないでしょうか。それが幸せな人生を送るコツのひとつだと言えます。


他にも、ブログにいただく質問には次のようなものがあります。

「人生を豊かに過ごすためにはどうしたらいいと思われますか?」

「いまの状況から抜け出すには何をすればいいのでしょう?」

「どうすれば幸せになれますか?」

この本に書いたことが、そういった質問に対する答えのヒントになったり、気づきのお手伝いになったり、少しでも何かのお役に立てれば、と思います。

私の書いたものを読むのが初めてという方のために、ブログからもいくつかのお話を加えて、神仏のこともわかりやすく説明しています。

多くの方が神社の神様やお寺の仏様のありがたさを知って、気づいて、そして感じて、人生をより良いものにしていただけたら、と思います。
そして、そのお手伝いがほんの少しでもできれば、大変光栄に思います。

桜井識子

神仏に愛されるスピリチュアル作法

目次

第一章　あなたという人間と運命

第二章　幸せな家庭づくり

第三章　仕事における心得

第四章　悩みとの上手な向き合い方

第五章　幸せに生きるヒント

第六章　神仏とのつき合い方

第七章 パートナーと歩む人生 ——私と元夫の場合

第一章

あなたという人間と運命

人生の計画は、自分で決めている

私には、ほんの一瞬だけですが、生まれる前の記憶があります。

記憶にある光景はこんな感じです。

こたつの天板よりひと回り大きな紙のようなものを広げ、正座をした姿勢で前かがみになって、私はその紙をのぞき込んでいます。

横には人が2人いました。〝いる〟ということは確実なのですが、姿や顔などは思い出せません。

また、これはあとになってわかったことですが、そのうちの1人は私の守護霊でした。

私は横にいる2人と、これから私が歩むことになる人生について計画を立てています。計画を相談しているこの瞬間のことだけは、不思議なほど鮮明に記憶していています。

そして、私は間もなく始まる新しい人生について「よし、頑張ろう！」と思っているのですが、それと同時に「長い人生をまたやるんだなぁ、ちょっと面倒くさいな」という気持ちも持っています。

この記憶があるので、私は人は生まれる前（直前だと思います）に、ある程度の出来事は計画してきていると思っています。

計画してきた出来事が起こることを承知のうえで生まれてきている、それが人生だと思います。

ただ、人によって、〝ある程度〟の度合いは違うようです。

綿密に計画を立ててキッチリ細部まで決めてくる人、おおまかな出来事だけを決めてくる人、あるいは、まったく何も決めずにきている人もいるようです。

何も決めてこなかった人は、自分の意志によって自由に人生を作っていくというわけです。

そうなると、

「キッチリと計画を立ててきた人は、レールの上を走るだけの人生なの？」

と、思われるかもしれませんが、そうではないのです。

たとえば、今世は医師になって多くの人の命を救おう、と計画してきたとしても、その人が怠《なま》け者だったら医師になるのは無理でしょう。

努力を放棄して楽なほうへ逃げ、勉強をまったくしなければ、当然のことですが医師にはなれません。

自分の怠惰な性格ゆえに、計画は〝計画のまま〟で終わってしまうのです。

そういうことはたくさんあると思います。

私は自分の過去世で、計画とは違う人生になってしまって後悔をしたことが何回かあります（私にはいくつかの過去世の記憶があるのです）。

死ぬ瞬間に、

「しまった、どうして逃げてばかりの人生にしてしまったのか」

「もっとこう生きるべきだった」

と後悔したり、

「次こそはちゃんと生きよう！」

と考えたりした記憶もあります。

ですので、運命とも言えるいくつかの計画はあるものの、その計画通りにいくかどうかは本人次第なのです。

また、先ほどの例で言えば、計画通りに医師になれたとしたら、それは〝レールの上をただ歩んだだけ〟とか〝決まった運命を生きただけ〟といった機械的なものではありません。

〝努力して、頑張って、自分の計画を達成した！〟という素晴らしいことなのです。

子どもは親を選んで生まれてくる

生きていくうえで、環境は物の考え方や性格形成などの、とても大きな要因になります。

ですから、自分で立てた〝人生の計画〟が計画倒れにならないために、その計画がうまくいくような環境を選んできています。

つまり、たまたまその親の元に生まれたのではなく、自分が親（環境）を選んで生まれてきている、ということです。

たとえば、「医師になる」という計画を立てた人は、医学部に行けるようなお金持ちの家に生まれるとか、遺伝的に頭が良い家系に生まれるとか、準備を整えてきています。

このことを深く納得したのは、塩沼亮潤《りょうじゅん》さんという大阿闍梨《あじゃり》が書いた『大峯千日回峰行《おおみねせんにちかいほうぎょう》』（春秋社）という本を読んだ時です。

塩沼さんは、千日回峰行という荒行を奈良県の吉野山で達成したことで有名なお方です。

吉野山の千日回峰行というのは、標高364メートルの蔵王堂を夜中の0時半に発《た》ち、提灯《ちょうちん》と杖を頼りに延々と24キロの険《けわ》しい山道を標高1719メートルの大峰山頂まで登り、また、同じ道を下って15時半に帰堂。19時に就寝され、23時半に起床して、また0時半に歩き始めるという厳しい行です。

この往復48キロ、標高差1300メートル超の道程を毎日歩き続けるのです。

しかも、いったんこの行に入ったら、雨が降っても、嵐がきても、高熱が出ても休むことはできません。

もしも途中でやめる場合は、みずから命を絶つ、というそれくらいの覚悟を持って挑《いど》むとても過酷な行なのです。

この厳しい日々を、開山の間（5～9月）、毎日繰り返し、9年の歳月をかけて1000日間歩き通すのです。

吉野・金峯山寺《きんぷせんじ》1300年の歴史で、達成したのは塩沼さんを含めて2人だけという事実が、この荒行の想像を絶する厳しさを物語っています。実際、塩沼さんはこの行の最中に生死の境をさまよう経験をされています。

塩沼さんは、出家されるまでとても貧乏な環境で育ったのだそうです。

貧乏だったおかげで、吉野に行って修行している時、仲間はみんな、しんどい、しんどい、と口癖のように言っているなか、塩沼さんは1人、幸せだったといいます。

なぜなら、ご飯は美味しいいし、部屋も8畳をたった2人で使えるので何不自由ないし、そのうえ暖房まである。ありがたい、ありがたい、と思っていたそうです。

この本を読んで、

「厳しい行をして、大阿闍梨になろうと決意してこの世に生まれてきた魂は、その道をまっすぐに進めるように、環境を選んで生まれてくるんだなぁ」
と、人生の計画の用意周到さを感慨深く思いました。また、塩沼さんのお人柄、その謙虚なものの考え方にもとても感銘を受けました。

もちろん、塩沼さんは特別な例で、その分、わかりやすい例と言えます。

貧しい子ども時代を過ごした人のなかには、あの環境を自分で選んだなんて、そんな説、納得できない、と思う方もいらっしゃるかもしれません。

でも、生まれ育った環境がのちの人生に生きているということはたくさんあると思います。

私が働いている介護の職場の仲間にも、貧しい子ども時代を送った人がいます。そういった人は、

「子どもの頃はめっちゃ貧乏でなぁ、欲しい物、なんも買《こ》うてもらえへんで、みじめやったわー。思い出したくもないわ」

と言っていますが、貧乏を経験したことはマイナスばかりではないように思います。

私から見ると、その環境で身についた貴重なものを持っているからです。

たとえば、そういう人は物を大切にします。

マヨネーズも普通の人だったらギューッと絞って出なくなれば捨ててしまいますが、容器をちゃんとハサミで切って、最後のひとすくいまできれいに出して使います。そういうヘルパーさんは、利用者さんから、大変喜ばれます。

私生活でも安物買いをせず、高い物を吟味して購入し、大事に大事に使っています。お金のありがたみを知っているので、お金を貯めるのもうまいです。

また、同じような環境で育った人には別のタイプもあって、お金がある時はケチケチしないでみんなに気前良くパーッとおごってくれる人もいます。

そういう人は金銭面だけじゃなく、人格が太っ腹に見えて、人気もあります。

どちらの場合も、私の目には子ども時代の苦労した環境がタネとなり、それが花開き、実を結んでいる、と映ります。

本人がそのことにあまり気がついていない場合もありますが、選んで生まれ育った環境が、その人のその後の人生に生きている例はたくさんあるのではないでしょうか。

人生の意味や目的とは？

人間は「生まれる前に人生を計画してくる」と書きましたが、では、そもそも、なぜ人は生まれてくるのでしょうか。

その話を進める前に、「絶対神」について説明をしたいと思います。これは私がそのように理解しているもので、別の考えを持っている方がいらっしゃるかもしれません。

絶対神とは宇宙に遍在していて、人間だけではなく、動物にも植物にもすべての生きとし生けるものに分け隔てなく愛情を注いでくれる存在です。

いわば、宇宙の法則、宇宙の理《ことわり》、宇宙のすべて、愛そのものが絶対神なのです。この唯一無二の神様を、神社にいる神様と区別するために、この本では「絶対神」と呼ぶことにします。

私は、人間の誕生や死など大きな場面だけでなく、この「絶対神」はさまざまな形で人生に関与していると思っています。

なぜ、人は生まれてくるのか……それはひとことで言えば、〝感動するため〟です。

この愛情あふれる「絶対神」は、これから生まれ出ようとするすべての人たちに対して、

「素晴らしい感動をたくさん味わって、魂を豊かにして戻ってきなさい」

と生命を授《さず》け、この世に送り出してくれています。人間は〝たくさんの感動を味わう〟ために生まれてくるのです。

心温まる映画を見て涙したり、大自然を見て心が洗われるような気持ちになったり、試験に合格して大喜びしたり、心地よい風に吹かれて「さわやかだなー」と思ったり、音楽を聴いて心を躍らせたり、人の優しさに感謝したり……と、心や五感を通して多くの感動を魂に刻み込むことが、生まれてきた理由で

す。

「人生は試練の場だ、さあ、つらい思いをしに地上へ行ってきなさい」
「人生は修行だから、苦しいのは当然だ」

などと、愛そのものの絶対神が言うはずがありません。ブログを読んでくださっている方からも、

「会社に勤めていますが、孤立していて毎日つらいです。これは神様が私に与えた試練でしょうか？　乗り越えなければいけない修行なのでしょうか？」

といったメッセージが届くことがあります。

人生を修行の場だと考えてしまうと、このようにつらいことがあるたびに、「修行なのだろうか？」「試練だから、乗り越えなきゃ」と、本当はしなくてもいい我慢をすることにもなりかねません。

特にいじめとか、ＤＶなどの場合、神様が与えた試練でも修行でもありませんので、その場にとどまる必要はないです。

ここまで読んで、疑問が浮かんだ方もいるのではないかと思います。

「人生にはつらいこと、試練のような出来事も巡ってきて、それを避けてばかりもいられないのでは?」

もちろん、試練のようなつらい出来事も人生には必ず起こります。でも実は、こういった出来事のなかには自分で計画したものもあるのです(すべてがそうではありません)。確実に言えるのは、絶対神や、神社の神様、お寺の仏様が「試練を与えよう。乗り越えなさい」と与えたものではない、ということです。

何度も生まれ変わりを続ける魂の長い道程には、数々の失敗や間違いがあります。そういったものはカルマとしてその人の魂に記憶されていますので、因《いん》果応報《がおうほう》の作用が働いたということも考えられます。

あるいは、過去に犯した間違いを正すために、次の人生のここで大きな出来事に遭遇するようにしてバランスをとろうとか、試練を味わうことで魂を覚醒させよう、というふうに自分で計画を練っているものもあるわけです。

もっと具体的に言うなら、事故にあったり、病気になったり、人に裏切られるといったつらい出来事を設定し、そういった試練を体験することによって、

「人生とは？」「魂とは？」「生きる目的とは？」といったことについて、深く考えるように計画していたりもするのです。

いわば、試練を体験したり、乗り越えることによって〝魂の成長〟〝霊性の向上〟を目指すわけです。

人間として生まれているいまは、覚えていないかもしれませんが、このように〝自分で〟計画していることもあるのですね。

〝人生は修行の場だから、望んでもいないのにつらい出来事が起こる。それが私を苦しめる〟という受け身の事象ではなく、〝自分の魂をレベルアップさせるために、または神仏に目覚めるために、きっかけとして、試練をみずからに課してみた〟ということになります。

もちろん、そういった計画をしてきたことはすべて忘れていますから、

「なんでこんなつらい目にあうの？」

「人生って、生きるってつらい……」

と思ったり、腹が立ったりするわけですが、でも、そういった出来事を体験

したあとで振り返ってみると、

「あの出来事があったからこそ、私は精神的に成長することができた」

と実感することも多いのではないかと思います。

そうなれば人間としての幅も広がり、度量も大きくなりますから、それまでは気づかなかった人の痛みに気づくことができるようにもなるのです。

人に与える愛情も質の良いものになるでしょう。

また、感動も奥深く、透明度の高い美しいものに変わっていきますし、小さな感動にも気づくようになります。小さな感動まで拾えれば、あちらの世界に持ち帰る感動の量も増えるわけです。

つまり、つらい出来事は〝たまたま〟〝運悪く〟私たちに訪れるのではなく、人生を深く豊かにするために必然として起こることであり、そこには大いなる意味が秘められていることもある、ということです。

このことを頭の片隅に入れておくと、試練がふりかかってきた時の心の持ちようも変わってくるのではないかと思います。

守護霊はいつもそばにいる

自分で計画してきたこととはいえ、つらい試練にあうというのは、誰にとっても苦しいことです。

でも、そういった時に、その人をそっと見守ってくれている存在がいます。それが、守護霊です。

人生の計画について書いた部分で、〝横に守護霊がいてくれた〟と書きましたが、その時にいた守護霊が、生まれてから死ぬまでずっとそばにいてくれます。常に守ってくれるのです。

守護霊は生まれる前に立てた計画をすべて知っていますから、その人が試練にあって死ぬほど苦しんでいても、その体験を味わうことは何よりも本人の学びのために必要である、ということを本人よりも深く理解しています。

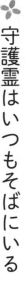

ですから、守護霊はすぐそばにいるのですが、ただ黙って見守ることしかしないのです。

守護霊は親よりも何倍、何十倍、何百倍も深い愛情を私たちに持ってくれています。これはもう地上にはない種類の人を思う気持ちです。

そこまで愛している私たち人間が、身悶《みもだ》えするほどに苦しんでいる姿をただ見守るということは、生やさしいことではありません。守護霊は手出しすることもできないまま、涙を流しながら寄り添ってくれています。「頑張れ、頑張れ」と言いながら、泣いている私たちの頭を優しく撫《な》でています。

そのようにして、そっと見守り、愛を送りながら、私たちをいい方向へと導いてくれているのです。

守護霊は霊格の高い、慈愛に満ちた存在ですから、前にしゃしゃり出る、なんてこともしません。その分、感知するのが難しいとも言えます。

でも、たとえ見ることができなくても、苦しい時に片時も離れることなく寄り添ってくれている存在がいるんだとわかれば、さらに、決して自分は1人ではないのだということを知れば、心が救われたり、試練を乗り越える勇気を奮い立たせたりすることができるのではないかと思います。

そんな守護霊は、誰にでも1人ついています。

そのメインの守護霊をサポートする存在もまわりに数人から数十人います。これくらいの人数で、ここら辺にいるということはわかるのですが、その1人1人がどんな姿の存在か、というのは残念ながらわかりません。

先ほども言いましたが、霊格が高いので、「守ってやっているんだ」というふうにいちいち主張しないからです。

このサポートする存在の数はどうやら人によって違うようです。

私は他の人の守護霊を見ませんので、他の人の場合はよくわかりませんが、私の場合は、サポートする存在の数がだんだん増えてきています。もしかしたら、ブログを始めたことが人助けになっているのかもしれず、それが影響しているようにも思います。

また、いまでこそ私は自分の守護霊と、時々コンタクトがとれるようになりましたが、実は長い間、自分の守護霊がどんな方なのかまったく知りませんでした。わからなかったのです。

私が、人間には全員守護霊がついているらしいと知ったのは中学生の時でした。

それ以来、なんとしてでも自分の守護霊を見たい、知りたいと願ってきたのですが、初めて守護霊を見ることができたのは40代半ばのことです。見たい、会いたいと切望してから、約30年もかかりました。

まだ私の霊格が、霊格の高い守護霊（私の守護霊はもう守護霊をするレベルではないということで、かなり高いのです）と、波長を合わせることができるほどには成長していなかった、というのが理由でした。ちなみに、私の守護霊は、この世にいた時に伊勢神宮の斎宮（斎王）をしていた方です。

その当時のお名前が「識子」というのもわかっています。私のハンドルネームやペンネームは、そこからいただいたものなのです。

人とのご縁の不思議

人とのご縁というのも、考えてみると不思議なものです。

たとえば、学生時代に40人前後いたクラスメイトのなかで友だちになる人とならない人がいますが、その違いはなんなのでしょうか。

また、大人になってから仕事を通じて知り合った人のなかにも、ほとんど関わりを持たずに終わる人、ただの知り合いで終わる人、その時は親しくつき合ってもやがて疎遠になる人がいる一方、生涯の親友になる人もいます。

結論から先に言ってしまうと、パートナーや親友など、人生において重要な存在と言える人との出会いは、生まれる前に計画してきています。

何歳の時にこの場所でこんなふうに……など、あまり事細かく決めているわけではないようですが、次の人生ではこの人とこの人に会うようにしよう、みたいな感じで決めています。

そういった人とは、過去世においても近しい存在だったことが多いようです。

たとえば、私には数年前にガンで亡くなって、もうこの世にはいないのですが、大切な親友がいました。

親友とはパートの面接会場で出会い、大阪各地から多くの人が来ているなか(すごい倍率でしたので、応募者も多かったです)、たまたま最寄り駅が同じだったことから「じゃ、一緒に帰る?」という話になって親しくなり、やがて親友づき合いをするようになりました。

この親友とは、古代ギリシア時代に生きた過去世でも親友同士だったのです。

過去世を思い出した時は、この人は今世の誰、ということがパッと一瞬でわかることがあります。この時もそうでした。

古代ギリシア時代の過去世では、お互いに男性として生きていたので、姿や顔形はまったく違うのですが、ハンサムで女性にモテていた親友が、まさに今世で出会ったその親友であることはすぐにわかりました。ちなみに、その時の私はモテモテの親友と違い、不細工でコンプレックスの塊《かたまり》で……と、冴《さ》えない男でした（この過去世のコンプレックスのお話は第四章に書いています）。

そんな、魂の結びつきが強い人同士が出会った時に起こることとして、ある特徴があります。

たとえば、こんな話を耳にしたことはないでしょうか？　お互いに出会った時に〝ビビッ〟ときて、あっという間に親しくなったとか、将来、伴侶になる人だと感じた、というような話です。

実を言うと〝お互い〟がそう感じるわけではないのです。ビビッとはくるのですが、どちらか一方が確実にわかるようになっています。

私と親友の場合、彼女のほうがビビッときたらしく、お茶せえへん？　ご飯食べに行かへん？　と、積極的に近寄ってきてくれて親友になりました。

　彼女は誰とでもすぐに友だちになれるタイプではないし、人に積極的に話しかけるタイプでもないので、不思議に思って聞いたところ、「なんでやろな？　識子（本名をペンネームに置きかえています）にだけやで」と言っていました。

　特にこれといった理由もなく〝すごく気が合う〟〝なぜか一緒にいたい〟と感じることは、その人との間には、何かの絆、強いつながりがある、と思っていいです。

　これを裏づける別の例もあります。

　元夫（2番目の夫です）は最初に私を見た瞬間、「オレのお嫁さんになる人はこの人だ！」「この人こそ、運命の人だ！」と、なぜか理由もわからないまま強烈に感じたと言っていました。

　この時も、私のほうは彼を見ても特別何も感じませんでした。その後、元夫とは事情があって離婚をしましたが、現在も仲良しで人生のパートナーです。過去世でも何回も一緒に過ごしてきた相手です。

というわけで、人生における重要な人との出会いは計画してきたもので、そういう人とは過去世でも深いご縁がある。そして、出会った時はどちらかが強烈な感情を伴って気づくようになっているようです。

人生のターニングポイントに現れる救世主

一方、つき合い自体はそう長くも深くもないけれど、人生のなかで重要な役割を果たす人との出会いというものもあります。

たとえば、職場で何かのトラブルに巻き込まれた時に、それまではさほど親しくなかった先輩が的確で役に立つアドバイスをくれたり、味方についてくれたおかげで退職に追い込まれずに済んだけれど、その先輩は数ヶ月後に転職してしまってつき合い自体は途絶えてしまったとか。

あるいは、アクシデントが起こって絶体絶命のピンチ！　という時に、思わぬ人が急に現れて窮地から救ってくれた、といったようなケースです。

その時はトラブルに慌てふためいていて余裕がなかったために、その人の重要さ、ありがたさに気づくことができなかったかもしれません。

でも、あとで冷静に振り返ってみると、「あー、あの人と会っていなかったら、いまの自分はいなかったな」「まるでスーパーヒーローのような人だったわ〜。あの時は気づかなかったけれど」というような出会いは、きっと誰にでもあるのではないかと思います。

そのように、人生の節目節目で、手を差し伸べてくれる人が現れたり、人生のターニングポイントで大きな役目を果たしてくれる人との出会いも、実は、人生の計画を立てる時に組み込んでいるケースがあります。

そのような相手も、過去世からのご縁があった人と考えていいと思います。せっかく助けてくれたのに、その時はバタバタしていてお礼も言えなかった、という場合があるかもしれません。でも、心配はいりません。

このように、助けてくれたり、救ってくれたり、人生をいい方向に導いてくれた人は、実は過去世においては逆の立場、つまり、過去世の自分が助けてあげた相手で、その恩返しを今世で相手がしてくれた、という可能性が高いのです。

そうでない場合は、またいつか別の人生で会って、今度はこちらが今世での恩返しをする、という巡りあわせになります。

このように、悪いことだけでなく、いいことも、時を超えて自分に返ってきます。また、ご縁は過去世、今世、来世へと時を超えてつながっていますから、人とのご縁も大切にしたいものです。

さらに言えるのは、人生の途中で救い主のような人が現れた場合、その人は神仏の代わりに手を差し伸べてくれた、ということもあります。

それは観音様だったり、神社の神様だったりするわけですが、神仏は肉体を持っていないので、そういう方法で助けてくれるのです。

たとえば、銀行でおろした全財産を封筒ごと落としたとします。明日から一銭もない、ご飯が食べられない、どうしよう！　と目の前が真っ暗になります。

神様、どうかお金が戻ってきますように！　とワラにもすがる思いで祈っていると、そこに警察から電話があって「お金を届けてくれた人がいますよ」と言われた……。

この届けてくれた人は、神仏の意向をくんで動いてくれた人です。

このように神様仏様の思いというか、意志というか、そういうものをキャッチできる人が、本人はそうと気づかないまま、神仏の代わりに助けてくれるということもあります。

肉体を持たない神仏は封筒を拾って交番に届けることができませんから、こうして人を使って救ってくれるのです。

いま、この本を読んでくださっている方のなかには「私には助けてくれるようなご縁がある神仏はいないです……」と落胆される方がいるかもしれません。

でも、たとえその人自身が信心していなかったとしても、ご両親や祖父母、ご先祖様の信仰心が篤《あつ》く、その徳をいただく形で助けられることもあります。

おじいちゃんやおばあちゃんが朝な夕なにお仏壇で拝んでためていた功徳《くどく》

を、思わぬ形でもらえるということも神仏の世界ではあるのです。

いずれにしろ、〝救われた〟〝助けられた〟ということがあったなら、その相手が誰なのかにかかわらず、いまからでも遅くはないので、「あの時はありがとうございました！」と、感謝の気持ちを天に向かって伝えるといいと思います。

ソウルメイトとの出会い

ソウルメイトとの出会いを求めている人も多いと思います。

ソウルメイトというのは、魂同士が深い絆で結ばれている大事なパートナー、何度も一緒に転生している運命の人、と言える相手です。

先ほど、〝自分にとって大事な人との出会いは人生の計画に組み込んでいる〟と書きましたが、ソウルメイトとの出会いも計画してきています。

生まれる前にソウルメイトと会うことを約束してきている人がいる一方、出会いを約束しないで、その部分の計画はまったく白紙のままで生まれてくる人もいます。

計画してこなかった人は、この人生では結婚しない、と決めてきたということではなく、「新しいご縁（相手）を見つけるぞ！」といった固い決意をしてきているようで、言ってみれば、愛のチャレンジャーです。

新たに結んだご縁の人とは、そこからいくつもの転生をともにすることになりますから、言い換えれば、これから絆を結んでいく新しい輪廻《りんね》メイトを探しにきている、というふうにも言えます（輪廻メイトについては『死んだらどうなるの？』『神様が教えてくれた縁結びのはなし』という本に詳しく書いています）。

そういう人は、自分だけで探すのではなく、神社に行って縁結びをお願いし、神様のお力を借りるとより良い人と出会うことができます。

その一方、ソウルメイトと「会おうね」と約束してきた人は、どのようなことがあっても、その人とほぼ巡り会うようになっています。

ソウルメイト同士が引き合う力はものすごく強いので、たとえ違う国に生まれていようが、年齢差があろうが、絶対に出会います。

いま現在、ソウルメイトと出会っていない人は、お互いに約束した時期がまだきていないのかもしれません。いくら35歳までに結婚したい！　と思っていても、約束の時期が40歳だと、残念ですがそれまでは出会えません。

その時期を設定した理由はさまざまですが、仕事である程度力を発揮してからとか、つらい恋愛や結婚を経験して人間としての度量をひと回り大きくしてから、あるいは、両親との時間をたっぷり過ごしてからなど、別の計画を完了したあとにソウルメイトと出会う計画を立てている場合もあります。

世間で言われる結婚適齢期に合わせて出会う時期を設定しているのではありませんから、その人にとっての結婚適齢期は、それこそ十人十色です。20代、30代ではなく、50代で出会うように設定している人もいます。

また、相手の都合で時期が遅れている場合もあります。

たとえば、ソウルメイトが一度離婚したのちに出会うと設定してきたけれど、離婚話がうまく進まなくて遅れている、といったような場合です。

いずれにしろ、この世に来てから出会う時期を早めたり、調整したりすることは、人間にはできませんから、これはもう待つしかありません（台湾の仏様である月下老人によると、出会う時期が早まることも〝まれに〟あるそうです。詳細は『神様が教えてくれた縁結びのはなし』に書いています）。

あちらの世界で交わした約束は必ず成就します。
出会うのは1日あれば十分ですから、もしかするとそれは、明日なのかもしれません。

「絶対神」の愛は時に厳しい

宇宙の理である「絶対神」は愛そのものですが、私たち人間の、前に向かって進んでいる〝魂の成長〟と〝霊格の向上〟が後戻りする行為に関しては厳しい部分があります。

もちろん霊格は人によって段階が違うので、その人に応じたレベルでの話になります。

魂は長い長い年月をかけて何度も生まれ変わり、どの人生でもつらい思いや苦しみ、悲しみを経験して霊格を上げてきています。

この本を読んでいる方は特にそうだと思いますが、神仏が好きとか、スピリチュアルに目覚めたとか、そういう分野に心が開いている人はかなり高い霊格になっていることが多いです。

いま、ここにあるこの霊格は、いくつもの人生、膨大《ぼうだい》な時間の積み重ねの上に到達したものです。

そんな私たちが、自分でその霊格を下げる行為をした場合、絶対神は矯正《きょうせい》をします。私たちを愛しているからこそ正してくださるのです。

矯正の方法はいろいろですが、一見、試練のように思える出来事もあります。病気や事故、経済的な打撃、もしくは、人から裏切られたり騙されたりといった状況をその人に与えて気づきを促《うなが》すのです。

その人自身が自分で気づき、みずから改心するほうが本人にとっては学びになるので、絶対神は最初は黙って見ています。根気強く待ってくれますが、これ以上は本人のためにならないとなれば、それこそ容赦なくといった感じで矯正されます。

宇宙そのものと言える絶対神の愛の働きですから、そのタイミングに狂いはなく、その判断に間違いはありません。

具体例を出したほうがわかりやすいと思うので、元夫のことを話したいと思います。

これはブログや他の本に詳しく書いていますので、ご存じの方もいらっしゃると思いますが、ざっと説明します。

彼は人格的に優れた人なのですが、怒りを抑えられない、という欠点を持っていました。俗に言う瞬間湯沸かし器です。出会ってから私はずっと、その部分だけが惜しいなと思っていました。

絶対神もそう思っていたのだと思います。本人も自覚していましたが、どうしても怒りの感情に負けてしまうようでした。

そんな彼は原因不明の難病にかかりました。腸の病気なので、ものがほとんど食べられません。粉ミルクのような栄養剤で生命を維持しています。

それだけでなく、腸が炎症を起こすと嘔吐《おうと》が止まらず、気を失うくらいの激痛に襲われ、腸に穴が開く危険があるので救急搬送になります。

彼は最初、身の不幸を嘆いていましたが、いろいろと深く考えるようになり、やがて性格も穏やかになって怒りを克服しました。

罹病《りびょう》した当初は、半年に2～3回は炎症を起こしていましたが、ここ数年は（2020年現在）救急搬送されていません。症状は落ち着いています。治ったのかというとそうではありません。

カプセルカメラの検査をすることになった時のことです。カプセルカメラとは、カメラが小さなカプセルのなかに入っていて、そのカプセルを飲んで体内を通過させ、その途中であちこちを撮影するというものです。

この検査は受ける前にテストがあります。カプセルが腸を無事通過できるかどうか……というものです。

健康な人は当然通過しますが、元夫は病気で腸の所々がウインナーのようにキュッと萎縮しています。「狭窄《きょうさく》」と言いますが、そこを問題なく通れるか、同じ大きさのダミーのカプセルでチェックするわけです。

元夫はそれを詰まらせ、カプセルは腸の細い部分を通過できませんでした（ダミーのカプセルは溶けていくようになっています）。

その結果を見た医師は、こんなに悪い状態だったのね！　みたいなことを言ったそうです。

ですが、ここ数年は不思議と症状は良くなっていて、食べられるものが増えています。ほぼ粉末の栄養剤オンリーだった以前に比べれば天国のような状態で、本人もありがたい、ありがたいと感謝しています。

彼の病気は試練や修行などではありませんから、本人が気づき、霊格を落とさない生き方に目覚めれば、症状を軽く、負担がないようにしてくださるのです。

絶対神にとっては、本人が美味しいものを食べられることよりも、霊格を落とさないことのほうが大事です。

人生を幾度もやり直す長い旅をしている魂にとっては、ラーメンだとかトンカツが食べられたからこの人生は幸せでした、ではないのですね。

絶対神の思いやりは本当に深いと思います。人間が自分ではできない矯正をしてくださるからです。

彼はいつも、心から「神様、ありがとう」と本気でお礼を言っていて、病気になったことを不幸に思うどころか、神様に愛されている証《あか》しなのだと感謝しています。

怒りの感情に襲われなくなって、いちばん楽になったのは本人です。私も、絶対神が彼の性格を直してくださった、と思っています。

人は誰しも安定した生活を望み、それが神様に愛されている証しだと思ってしまいますが、違うのですね。

何ひとつ荒波が襲ってこない平穏な人生では、人間は大事なことに気づくことができないかもしれません。

霊格が下がってしまう生き方をしていても矯正してもらえなければ、死んだのち、自分が元いた場所にすら戻れなくなります。霊格が低くなると、それ相応の場所に行かなければいけないからです。そこで気づいて、後悔して泣いても遅いのです。

いずれにしろ、絶対神が与える出来事は試練ではなく奥深い愛情からであり、神様の愛情は時には厳しいのですが、ありがたいものなのです。

神仏は思わぬ形で夢を叶えてくれる

人生の目標のひとつに、夢の実現というものがあります。

その夢が、自分が立ててきた人生の計画に沿うものであれば叶いやすいのですが、計画になかったら叶わないかと言えば、これはそうとも言えないのです。

ただ、自分で立ててきた計画を人は覚えていませんから、そもそも自分の夢が計画に沿ったものかどうかがわかりません。

ですので、叶えたい夢があるのなら、そしてその夢を捨てたくなければ、最後まであきらめずに突き進むことが大事だと思います。

というのも、夢の内容によっては、神仏が力を貸してくれることがあるからです。

夢に向かって頑張っている最中に高い壁にぶち当たって、「あー、もうこの夢は叶わないかも……」と、思うような状況に追い込まれたとしても、時としてミラクルなことが起こり、それをきっかけに夢の実現へと続く道が切り開かれていくことがあります。このように、思わぬことが起こった時は、神仏の力が働いたと考えていいです。

誰がどう考えても問題解決は無理、夢を叶える術《すべ》がなくなった、ああ、終わった……という状況でも、その判断は人間の小さな脳ミソで考えたことです。人知を超えた神仏は、人間が想像もしない方法で夢を叶えてくれることがあります。

神仏は、自分の欲や見栄を満たすための夢には力を貸してくれません。

ですが、その人の夢が、やがてたくさんの人の役に立つとか、世の中に貢献する結果をもたらすとか、世界中の人に夢を与えたり、人々を救うことになるとか、そういったものなら多くの神仏が応援してくれます。

そんな夢を追っている人に、神仏は時に当の本人さえあっと驚くような方法を用《もち》いて、夢が叶うような道を作ってくださるのです。

そのような形で夢を叶えた人のお話を書きたいと思います。


ディズニー映画『アナと雪の女王』の制作にCGのトップクリエイターとして参加した糸数弘樹《いとかずひろき》さんという方がいらっしゃいます。糸数さんが担当したのは、雪と氷に覆われたお城や森の背景などの3D制作です。『アナと雪の女王』以外にも、『塔の上のラプンツェル』では主人公の長い髪の3Dを担当するなど、さまざまなヒット作品の制作にも携《たずさ》わっています。

小さい頃からもの作りが得意だったという糸数さんは、大学卒業後、アメリカに留学し、アルバイトで生活費を捻出《ねんしゅつ》しながらデザインの学校に通われていました。ですが、貯金が底をついてしまい、親に無心をするのも悪いしということで、夢を断念して帰国する決意をしたそうです。

帰国をする前に友人と出かけたラスベガスで、なんと！　糸数さんは300万円を手に入れたのです。そのお金を学費にまわしてデザインの勉強を続け、

37歳の時にWalt Disney Animation Studiosへの入社を果たしたのです。

これは「ラッキー」とか、「ツイていた」程度の軽い話ではなく、まさに神仏のお力添えだと、私は思います。

私はずっと以前から、映画制作に携わる人は世界中に夢と希望と癒しを与える、そんな神様のお仕事のお手伝いをしていると思ってきました。世界中の人を笑わせたり、感動させたり、そんな偉大な奉仕のお仕事です。

現在、糸数さんは沖縄県久米島の母校の高校生たちに、アメリカからネットを通じてCG制作の授業もされていて、その高校生たちは夢を捨てないことの大切さも学んでいると思います。

このように、将来、多くの人の役に立つ人物、およびその夢は、暗礁《あんしょう》に乗り上げたとしても神仏の力によって思いもつかない方法で道が開けていくのです。

「でも私は……私の夢は、人の役に立たないから無理？」と思われた方は、ちょっと視点を変えて多角的に見てみるといいと思います。

「ダンサーになりたい」のも、「何かの講師になりたい」のも、「お店を持ちたい」という夢も、みんな人の役に立っていて、なんらかの形で人を救っているお仕事です。

あきらめずに努力していれば、いつか驚くような方法で道が開けるかもしれません。

第二章

幸せな家庭づくり

夫婦和合のコツ

うまくいっていない夫婦の話を聞くと、会話が少ないというのがほとんどです。なかには、会話が少なくなるにつれて、夫は生返事ばかり、妻は文句ばかりになり、やがて会話がぷっつり途絶えて、言いたいことは紙に書いてテレビや冷蔵庫、洗面所の扉など、部屋のあちこちに貼って伝えるといった夫婦もいるようです。

ここまでくると修復には多大なエネルギーを使うだろうな、と思います。

こんな例を出すまでもないと思いますが、夫婦関係を良くするためには、やはり会話が大事です。

ですから、もしもいま、すでに会話が少ないようでしたら、そして、元のようないい関係に戻したいと思うなら、会話を多くするように心がけてみてはいかがでしょうか。

最初はまず、こちらから話しかけます。なんとなく負けたような気がするかもしれませんが、こちらから歩み寄ることは負けでもなんでもありません。

それに、いくら変えたいと頑張ってみても、相手を変えることはできませんから、自分が変わるしか現状を好転させる手立てはないのです。

そして相手が何かチラッとでもしゃべったら、それがチャンスです。〝積極的に〟話を聞いてあげる、これがコツです。

「夫の話って退屈だし〜、興味のないことばかりなんですけど〜」

わかります。私もそう思いますし、妻の95％がそう思っているのではないでしょうか。

そこを百歩どころか千歩譲って、相づちを大げさに打ちながら興味があるように聞いてあげる、それが、相手に気持ち良く会話させる秘訣《ひけつ》と言えます。

ここら辺はもう、下手《したて》に出ているなどと思わず、「賢い妻としての腕の見せ所やわ、フフフ」くらいに自分の気持ちを高めてみるといいかもしれません。

そうやって相手の話を盛り上げていくと、男性は意外と単純なところがあるので、気持ち良くなってたくさんしゃべってくれるようになります。

私の元夫は、自分でパーツを買ってきてパソコンを組み立ててしまうほどのパソコンオタクで、新しく買った海外のわけのわからないソフトの話をしたりします。

この話がもう退屈で苦痛で仕方ありません（笑）。「聞くだけでええねん」と言われても、いや、それがつらいんですが……という感じです。

私の場合、こういう話を聞く時は肩を揉《も》んでもらうことにしました。そうなると、長くしゃべってもらったら、その間彼はせっせと肩揉みをしているわけで……長くなればなるほど私が得なのです（笑）。

そうなると知恵をしぼってなるべく長時間、話をしてもらうようにしなければなりません。

そこで、話はチンプンカンプンのくせに「うわぁ、それってすごいやん！」とか、「えーっ、うっそー！」とか、「マジでっ⁉」と、大げさに相づちを打つようにしています。ちなみに、内容はサッパリわかっていません。

するると、彼は目を輝かせて（背中側にいて見えないので、たぶん、ですが）、「せやろっ⁉　ビックリするやろっ！」とか「マジマジ！　コレ、マジやでっ⁉」とうれしそうに、結構、長いことしゃべってくれるのです。

積極的な相づちで2時間はしゃべり続けてくれますので、「元夫よ、単純でありがとう」といつも思います。

わからない話をずっと聞いているのは、それはそれでつらいのですが、肩こりはスッキリ解消です。彼も気持ち良く話ができて、ストレス解消です。

そして、自分の話をたっぷり聞いてもらっていると感じると、今度はこちらの話も聞いてくれるようになってきます。私がしゃべるのは、「今日行った利用者さんちでこんなことがあってね～」といった介護の話なので、彼にとってはまったく興味のない内容で面白くないと思います。でも、それでも「フーン」と温度は低いのですが、聞いてはくれます。

夫婦はお互いさまで、こちらから大きく一歩歩み寄れば、相手も半歩くらいは歩み寄ってくれます。

もう中年期に差しかかっているし、これからでも大丈夫かしら？　と思っている方もいらっしゃるかもしれませんが、いくつになっても手遅れということはないと思います。

人は自分の話を熱心に聞いてもらえると心を開いてくれます。これは高齢者でも同じです。自分が話したことをちゃんと覚えているヘルパーさんは信用してもらえます。

ひとつ屋根の下で、互いに仏頂面《ぶっちょうづら》で押し黙ったまま人生を過ごすか、会話のある夫婦でいるか、そこには大きな差があります。

会話が大事という夫婦もいれば、うちは旅行が大事、外飲みが大事、という夫婦もいらっしゃると思います。

ご自分に合った方法で歩み寄って、良い関係を取り戻せば、そこからまた違った人生になっていくのではないでしょうか。

嫁と舅《しゅうと》の不協和音

家族の問題を考える時に、はずせないのは義父母との関係です。

結婚後すぐに問題が出るというよりも、お互いにちょっと慣れてきた頃から徐々に問題が出てくるケースが多いようです。そして、やはり別居している人より同居している人のほうが問題は大きく深刻です。

ただ、私が最近、意外に思っているのは、お姑《しゅうとめ》さんよりもお舅さんを疎《うと》ましく思っているお嫁さんが多いということです。

「お義父《とう》さん、偉そーでムカつくわぁ。人のこと、家政婦扱いやで！」という文句を陰で言っているお嫁さんを見かけることも多いです。

私が訪問介護の仕事で伺うお宅では、こんなケースもあります。

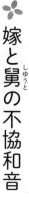

その利用者さんの家は2世帯住宅で、利用者さんと妻、長男家族が住んでいました。長男夫婦には子どももいます。その後、妻が亡くなり、さらに長男が病気で亡くなってしまいました。

そうなると、残っているのは長男のお嫁さんと子ども、それからお舅さんにあたる利用者さん本人です。このお嫁さんは利用者さん（舅）のことを毛嫌いしています。

結婚当初から利用者さんにいじめられてきたと主張しており、関わることを強く拒絶しているのです。現在、体が不自由になった利用者さんの面倒を一切みないので、調理も掃除も何もかもヘルパーさんがやっています。

過去に何があったのかわかりませんが、お嫁さんにはお嫁さんの積もりに積もったものがあるようです。

このような義理の親子関係の場合、いまは役所に届けを出せば、お嫁さんはお舅さんとの縁を切ることができるため、その書類もすでに提出済みだそうです。

そんなこともあって、お嫁さんはケアマネージャー（ケアマネ）にこう言っています。

「もう義父と私は赤の他人ですので、救急車を呼んだくらいではこちらに連絡はしないでください。死んだ時だけ連絡をくれればいいですから」

この割り切り方はすごいと思いますが、人には人の事情がありますので、他人が口をはさむ問題ではありません。

利用者さんのほうはいまだに、「長男夫婦が面倒をみてくれると言ったから、ワシの土地に2世帯住宅を建ててやったのに、嫁は世話もしやがらへん」と文句を言っています。

「普通は嫁がご飯を作るやろ？　嫁がやったらヘルパーさんの世話になんかならんで済む話やで」

利用者さんの気持ちもわかりますが、もう修復は不可能のようです。「息子が生きとったらなぁ……」と利用者さんがポツリとつぶやいていたのが印象的でした。

嫁と姑もこじれると大変ですが、嫁と舅もこのようにこじれると、お互いに憎しみを抱えて毎日を過ごすことになります。お舅予備軍の男性は、こんなこともあるということを頭の片隅に入れておいたほうが良いかもしれません。

姑には負けるが勝ち

では、お姑さんとお嫁さんの関係はどうでしょうか。こちらは、ひと昔前よりも関係が良い人が多いように感じます。

身近な友だちからも、「お義母《かあ》さんが良い人で仲良くしている」とか「お義母さんと一緒に買い物に行ったりする」という話をよく聞きます。

また、お姑さんがお嫁さんに気を遣っているケースも多く、お姑さんからお嫁さんに「私たちは嫁姑じゃなくて、お友だちでいましょうね」という言葉をかけることも少なくないようです。

とはいえ、お姑さんとの関係をずっと良いものに保つためには、お嫁さんのほうが〝嫁の立場〟を心得ておくことが重要なポイントになります。

どういうことかと言いますと、お姑さんにとってお嫁さんは、大事な息子をひとり占めしている相手ですから、息子を取られた、という気持ちが多かれ少なかれ、どこかにあると思います。

お姑さんはそんな、嫉妬心とまではいかないものの、寂しい気持ちを持っている、ということを常に頭において接するのが、〝嫁の立場〟を心得る、ということです。

お姑さんの言動をちょっとチェックしてみれば、そこはすぐにわかると思います。

たとえば、一緒にスーパーに外出した際に、夫がお姑さんの荷物を持ってあげたとしましょう。そういう時お姑さんは、

「うちの息子は小さい時から、私の荷物をいつも持ってくれてたのよ〜」

というようなことを言ってきたりしないでしょうか。あれ？　なんだか私に優越感を持ってる？　という場合、それは嫉妬心の裏返しかもしれません。

この時に、うっかり負けん気を出して、

「私の荷物もいつも持ってくれますよ」

などとは、間違っても言わないほうがいいです。

これを言ってしまうと、途端にお姑さんの嫉妬心に火がついてしまいます。

ですから、その言葉はぐっと飲み込んで、

「親思いの優しい人ですよね～、やっぱり育て方？　でしょうか」

みたいなことを言うのがベストだと思います。すると、お姑さんはすっかり気分が良くなって、子育てについて教えてくれたりします。

そして、嫁より優位に立っていると感じると、急に嫁に優しくなり、

「ねえ、○○ちゃん（お嫁さんの名前）の荷物も持ってあげなさいよ」

みたいな発言も出るわけです。

つまり、細かいところでお姑さんに勝とうと思ったりせず、負けてもいい、いや、負けるほうがいい、という気持ちで接するのが、いい関係をキープするコツということになります。

そこで「くそー、ダンナめ！　お義母さんの荷物は持って、私の荷物は持た

ずかい！」と思っても、それは家に帰って2人きりになった時に文句を言えばいいことです。嫁のこちらには、2人になる時間がありますが、お姑さんには2人になる時間はないのです。

そこを考えただけでも、同じ土俵に立つのはおかしいとわかります。

私にも息子が1人います。私にとって息子のイメージは、いつまでも4～5歳の、母親にぺったりくっついてきていたかわいい息子のままです。

もう成人してひとり立ちしていますが、面と向かってしゃべっている息子は大人でも、心が感じる息子は4～5歳のかわいかった息子です。

母親みんながそうだとは言いませんが、親とはこういうものではないでしょうか。私はまだ姑の立場にはありませんけれど、この歳になって、お姑さんの気持ちがよくわかるようになってきました。

息子には彼女がいて、いまとても幸せそうです。息子を幸せにできるのは、親の私ではなく、彼女ただ1人です。

つまり彼女は、私の大事な息子に幸せを与えてくれるわけで、ありがたい存在です。特に息子は子ども時代につらい思いをたくさんしているので、いま、幸せにしてくれている彼女には心から感謝をしています。

どうか、これからもこの子をよろしくお願いします、といつも心のなかで手を合わせています（息子と彼女はのちに結婚をし、2019年には孫も生まれました）。

ですが、なんとなく寂しい？　かな？　という気持ちになる時があるのも事実です。

そうか、息子を持つ母親の心境とはこういう感じだったのか、と思うと、最初の夫の母親や元夫の母親に、もっと気を遣えば良かったと思います。

私のようにあとからこんなふうに思わないためにも、良い関係を保つためにも、負けてOK、と大きくかまえたほうがいいと思います。

親の介護への向き合い方

いま、介護の問題は誰にとっても切実だと思います。

私はこれまで介護に関わる3種類の仕事をしてきて、在宅介護をしているお宅もたくさん見てきました。福祉用具専門相談員では、多い月は160人以上を担当として受け持っていましたから、誇張ではなくさまざまな家庭を見ています。

介護職をしている側からの意見として、在宅介護をしている方は、利用できる介護サービスは最大限利用して介護の負担をできるだけ軽くしてください、ということをまずお伝えしたいです。

福祉用具専門相談員として担当した利用者さんに、こんな方がいました。

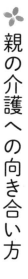

介護ベッドの搬入が可能かどうか測定に伺うと、そこら中に物が散乱しています。まったく掃除をしていない様子でしたが、話を聞くと、それも当然だと思いました。

その家では、60代の息子さんが仕事をしながら、認知症が始まった母親を1人で在宅介護していたのです。

息子さんの勤務中はデイサービス（日帰りで利用できる介護サービス）の施設に預けていましたが、夜は息子さんが面倒をみていました。毎日、お母さんにご飯を食べさせたり、着替えをさせたり、下の世話をしたりと、息つくヒマがありません。

やっとお世話を終えて布団に入っても、夜中になると認知症のお母さんは家のなかを徘徊《はいかい》し、ひと晩に何度も起こされます。

仕事と介護の疲れが溜まっている息子さんにとってはたまりません。腹が立って「うるさい！　早く寝ろ！」とつい怒鳴ってしまうそうで、息子さんは、お母さんに声を荒らげてしまうことをとても悩んでいました。

最初は手を取ってトイレに連れていくくらい余裕があった介護も、日に日に負担が増し、気がついた時には親子ともにギリギリの状態になっているということも決して珍しくないのです。

介護職でない限り、親の介護が初めての経験になる人が多く、いろいろ戸惑うこともあって、ケアマネに言われるがままにする、という方がほとんどです。

ケアプランを作成するケアマネに逆らってはいけない、と思うようですが、親身になって考えてくれない、どうしても気が合わない、というケアマネは変えたほうがいいです。

え？　ケアマネって変えていいの？　と、この話をすると驚く人がいますが、介護の現場ではよくある話です。変えられたケアマネも事務所も、相性が悪かったのね、で済ませていますから気に病《や》むことはありません。

担当のケアマネにいきなり他社のケアマネから電話がかかってきて、「来月から私が担当することになりました」なんてことは珍しくないのです。

在宅介護でただでさえ疲れているのですから、ケアマネにまで気を遣って、さらに疲れることはないと思います。

また、日帰りのデイサービスはいいけれど、お泊まりのショートステイ（何日か連泊で預けられる介護施設）には抵抗があるという方もいます。

近所の人の「あそこは親をショートに入れてるんやて」という目を気にされてのことのようです。

でも、介護の大変さは経験したことのある人でないとわかりません。

在宅介護は肉体だけでなく、精神的にも大変な負担がかかります。介護疲れは本人に自覚のないまま徐々に溜まってしまい、心の健康を脅《おびや》かすことも珍しくないのです。ですから、近所の目や親戚の目なんか気にせずに、ご自分の心身の健康を第一に考えたほうがいいです。

そのほうが介護する側だけでなく、介護される側にとっても、結局はいい結果をもたらすことになります。

親が認知症になったら

自分の親が認知症になり、徐々に変わっていく姿を見るのは子どもにとって複雑なものがあると思います。

優しかった親が乱暴な人格になっていく、子どもである自分のことを忘れてしまう、意味不明なことを話し、お金を盗んだなどと言って責めてくる、１人で着替えができなくなったり、排泄のコントロールが難しくなる……など、進行していくと情けない気持ちになることもあるでしょう。

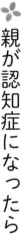

その不安を少しでも減らすことができれば、という思いで、介護の現場で私が体験してきたことをお話しします。

認知症が進むと「さわらんといて！」とか、「何すんの！」と、拒絶を示す人が多くなります。その時の感情は、脳の機能低下のせいで激しく攻撃的です。

そういう場合は、いちいち丁寧にこれから何をするのかを言ってあげると安心して穏やかになります。

入浴時なら「いまからブラウスを脱ぎましょう、お風呂に入りますからね」「ボタンをはずしますよ〜、今日は寒いからお風呂は気持ちいいでしょうね。はい、ブラウスを脱ぎましたよ」「脱いだブラウスはここに、たたんでおきますね」「今度は肌着を脱ぎましょうか？　ちょっとここ、さわりますよ？　さわってもいいですか？　ごめんなさいね」という具合です。

認知症の人は自分がいま、何をされているのか、次はどうされるのかがわかれば怒らない人がほとんどです。それでも「イヤやー！」という時もあります。それは介護している人を嫌っているのではなく、病気のせいです。

そういう時はお風呂なんか4、5日入らなくても死にはしない、と自分に言い聞かせ、ニコニコしてやめることがおすすめです。腹も立つでしょうが、常にニコニコして接していると、「あら？　この人、いつもいい感じ」と思うらしく、ニコニコしている人には穏やかになってくれます。

介護施設勤務の時、いつも何かしら怒っている女性の入居者さんがいました。認知症もかなり進行していました。

食事を終えるとじっと座っていられなくて、ガタッといきなり席を立ちます。スタッフはみんな食事介助中ですが、この方は足が不自由なので、1人で居室まで行かせるわけにはいきません。誰かが駆け寄ります。そのスタッフに「私は部屋に戻りたいのよっ！」「さわらないでよ！」「なんなの！　アンタ！」と、すごい剣幕です。

そこで「お薬、まだでしょう？　お薬を飲んでからお部屋に帰りましょうね」と言います。実は薬はすでに飲んでいますが、その瞬間「え？　クスリ？」と、目を真ん丸にして聞き返し、薬は飲まねば、と思うのか素直に席に戻ります。

入浴をグズる入居者さんには、「温泉ですよ～」と言うと、「え？　温泉？　せっかく温泉に来たのなら入ろうかしら」とイヤがらずに入ってもらえます。

毎回この方法が通用するのだろうか？　と最初は思っていましたが、〝毎回〟ビックリするほど通用するのですね。心が素直だからです。

排泄の仕方を忘れた入居者さんは、私に「お姉さん、私は何をどうしたらいいのか教えてね」と言っていました。

「じゃあ、まず、ズボンを下ろしましょう」

「えっと？　ズボンってこれ？」

「そうです」

「はいっ、下ろしました」

「次はおパンツです。下ろしてください」

「これも下ろすの～？　恥ずかしいけど～」

「女同士ですからね～、大丈夫ですよ～」

そして無事に排泄をしながら、「お任せして良かったわ～」などと小声でつぶやいているのです。大事にお世話をして差し上げたいと、心から思います。

認知症の方は人間の欲や見栄や体裁といったものがなくなっていて、魂そのものというか、純粋でかわいい人が多いので、お世話しているこちらのほうが癒されることもたくさんあります。

このような現場の声を聞くことが、認知症の親御さんをショートステイや介護施設に預ける罪悪感を減らすことに少しでも役立てば、と願っています。

第三章

仕事における心得

誰にでもある天賦《てんぷ》の才能

仕事を考える時によくセットで語られるものとして、〝才能〟があります。「生まれ持った才能を生かせる仕事に就《つ》きたい」「才能をバリバリ発揮して活躍したい」という前向きなものもあれば、「私にもっと才能があれば、もっといい仕事に就けたのに」「どうせ私にはなんの才能もないから……」と消極的なものもあります。

いままで多くの人々を見てきて、さらに絶対神を知ったうえで言えるのは、〝人には必ずひとつは、人より秀《ひい》でた部分がある〟ということです。

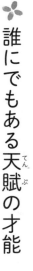

ふたつもみっつも持っている人もいますが、誰にでも最低ひとつは天賦の才能が備わっているのです。

備わった才能を自分でわかっていれば、それを仕事につなげたり、仕事の場

で発揮することができます。もちろん、その才能を趣味に生かしてもいいと思いますが、その人自身が気づいていない、と

ただ、実際のところ、生まれ持った才能にその人自身が気づいていない、ということも多いです。

というのは、人に備わっている才能は、絵がうまいとかピアノが上手に弾けるとか、語学が得意といったわかりやすいものだけではないからです。

たとえば、事務処理能力が驚くほど高い、計算が速くて正確など、事務処理をしない限りは気づけない才能もありますし、ビジネスにおけるカンが非常に優れている……というビジネスをしてみないと気づけない才能もあります。

仕事に結びつきやすい分、これらはまだわかりやすい部類ですが、どんな人にも優しくできて人の心を和《なご》ませるのが上手とか、どんな動物でもすぐさまなつく……となると、才能として自覚するのは難しいかもしれません。

私はブログをやっていますが、時々、落ち込むこともあり「もうブログ、やめようかな……」と意気消沈している時に、〝必ず〟と言っていいほど、絶妙

なタイミングでメールをくれる読者の方がいます。

そのメールには日常生活の話と、そこにからめて私への感謝の言葉が丁寧に綴《つづ》ってあります。

それを読むと、「やっぱり頑張ろう！」と心を持ち直すのですが、この方はきっと、自分の周囲の人が落ち込んでいる時も、本人は意識しないまま、こうして何気なく人を励ましているのだと思われます。

これも天から与えられた才能です。

では、自分に備わっている才能に気づくためには、どうすればいいのでしょうか。

そのためには、これまでに自分がしてきたことを振り返ってみるだけでなく、いろんな人の良いところを観察することが大事です。「ああ、こういう才能があるのか」と気づきをもらえたり、「この人の良いところは自分にもある。もしかしたらこれが自分の才能かも？」と発見できたりします。

時には人に「私の長所ってなんだと思う？」と聞いてみるのもいいかもしれ

ません。人が認める長所から広げて考える方法もあります。

そういった意味では、転職することも悪いことではない、と私は思っています。いくつかの職業を実際に体験したり、いろいろな職場で働くことで自分の才能がわかったり、自分に合った職種や職場環境など、見えてくるものがあると思うからです。さまざまな経験をすることは、仕事だけでなく、人生の糧《かて》として役立てていくこともできます。

私の先輩に、言葉の使い方が非常に上手な人がいます。利用者さんに対しても常に気配りの言葉づかいをし、同僚に対しても失礼なものの言い方をするのを聞いたことがありません。

「ああ、そうか、そういうふうに言えば人は不愉快にならないんだな」と、勉強になります。才能だなぁ、といつも思います。

才能という言葉を聞くと、どうしても華やかなものばかりに目が向きますが、地味ななかにもきらりと光る才能、目立たない部分で人を助けたり支えたりする才能というものもあるのです。

実らない努力はない

過去世のどこかで、そう学んだ出来事があったのかもしれませんが、いつの頃からか、私のなかには〝実らない努力はない〟という思いが揺るぎなくあります。

また、誰が言ったのかは忘れましたが、「10年間努力をし続ければ、必ず花が咲く」といった言葉も聞いたことがあります。

どちらも真理だと思います。

たとえ天賦の才能がなくても、一生懸命、頑張って努力を続ければ、絶対にある程度のところまではいきます。

確信を持ってそう言えるのは、私自身にもそのような体験があるからです。

語学は才能だと、私は思っています。10年ほど英会話スクールに通いましたが、そこで実感しました。

ＴＯＥＩＣ®は高得点なのに、つまり勉強はできるのに、話す・聞くという実際の会話はイマイチ、という人を数多く見てきました。逆にＴＯＥＩＣ®は低い点数でも、会話は不自由なくできて外国人と楽しくコミュニケーションをとっている人もいました。

私は、というと、語学の才能はありません。謙遜《けんそん》ではなく、本当にないのです。1回目の離婚をしたあとに英会話を始めましたが、恥ずかしながらその時は「They are」と「There are」の違いがわかりませんでした。30歳を過ぎると学校で学んだ英語も忘れているのです（いや〜、苦しい言いわけですね〜、実は勉強をしていなかったからです）。

それから、日々、本当に一生懸命勉強をしました。英単語も30個くらいしか頭になかったので、来る日も来る日も暗記しました。夜中の2時、3時まで必死で努力をして、やっと中級クラスにまでなったのです。

ですが、才能がないのでこれ以上は伸びません。

その後もせっせと努力をして頑張りましたが、いまだにRとLの発音は一緒ですし、お風呂の「Bath」もブッブーと走る「Bus」も同じように言うので、外国人が「前後の文から判断している」などと言っていました。

たまに難しい単語を言うと「わからんなぁ、単語のスペルを言ってくれ」と要求され、屈辱的な、スペルを言うハメになったりもします。

でも、10年間、一生懸命努力をしたおかげで、海外へ1人で自由に行ける程度の力はつきました。

もうひとつ例をあげると、私は中学校時代、バスケットボール部に所属していました。そのチームはスタメン全員が小柄で、そんなに強いチームではありませんでした。しかし、コーチが熱血教師で、大変厳しく、朝練、昼休みの昼練、そして放課後にまた、夜の7時まで練習をやっていました。

失敗をすれば竹刀《しない》で思いっきりお尻を叩かれます（いまなら大問題ですね）。これが痛いのなんのって、もう……（泣）。土日ももちろん練習です。チーム全員で泣きながら日々頑張りました。

その結果、弱小チームだったにもかかわらず、全国大会に出場できたのです。その大会にスカウト目的で来ていた有名高校の監督たちが、「なぜ、この子たちがここまで？」と、首をかしげていたことをあとから聞きました。

才能がそれほどなくても、努力を続ければある程度のところまでは絶対にいけるのです。

努力は裏切りません。これは本当です。

逆に言えば、〝ある程度〟のラインを飛び越えられる人（たとえば、プロスポーツ選手や世界的に活躍している音楽家など）には、その道において、生まれ持った天賦の才能が備わっている、ということです。

ただし、天賦の才能を持っていると言っても、努力をしなければ花開くことはありません。

それは、プロスポーツ選手や音楽家の人たちが、子どもの頃から厳しい練習を重ね、プロになっても研鑽《けんさん》を積み続けている姿からも明らかです。

こう考えていくと、天賦の才能があろうとなかろうと、努力をし続けなければばならないことには変わりがないわけですが、天賦の才能が備わっているかいないかによって、活躍の場のスケールが違ってくるということです。

ですから、精いっぱい努力してもなかなか思うような結果が出ない、現状から向上しない、と悩んだり苦しんでいる場合は、もしかしたら努力を注いでいる場が違うのかもしれないと、冷静に見直してみることも必要なのかもしれません。

勇気がいることですが、先々の人生を視野に入れると、場合によっては思い切って方向転換をすることが、いい選択になることもあります。

でも、たとえ活躍の場が華やかな中央の舞台ではなくても、本当に好きなことで努力をいとわずに頑張ることができるなら、その道を歩んでいくことも素晴らしいことだと思います。

仕事のやりがいとは

「やりがいのある仕事がしたい」ということをよく聞きますが、では、その〝やりがい〟とはどこにあるのでしょうか？

お金にやりがいを求める人もいますが、私は、〝その仕事が好きかどうか〟ということがやりがいにつながると思っています。

先ほど、〝いくら才能があっても努力は欠かせない〟と書きましたが、何よりも〝好き〟という気持ちがないと努力を続けることができません。

つまり、その仕事を続けていくためには〝好き〟という気持ちが欠かせない、ということです。その〝好き〟の気持ちは100%でなくてもいいわけです。10%でもあれば十分だと思います。

ただ、最初から〝好きになれるかどうか〟という部分を求めて仕事を探しても、あまりうまくいくとは思えません。現実的にも、ずっと好きだったことを仕事にしている、という人は少ないのではないでしょうか。

私の場合もそうでした。

介護の仕事に就いたのは「年齢からいって、正社員になれるのは介護職しかない」と、思ったことが最初の志望動機です。それで資格を取りました。つまり、生活のため、だったのです。

研修で「あれ？　この仕事、好きかも？」と気づき、実際に働き始めてどんどん好きになっていきました。

介護の仕事に対する世間のイメージは、「しんどい」とか「汚い」といったものかもしれません。私も仕事をする前は似たようなイメージを持っていました。

でも、実際に働いてみると、高齢者の方から貴重な体験談を聞かせてもらったり、長く人生を送ってきたなかで学んだ内容を教えてもらったり、認知症の方のピュアでかわいい発言や行動に癒されたり……と、いいことがたくさんあります。

そういう場面に出合うたびに「あー、この仕事はいいなぁ」と思います。

介護の仕事はこう言ってはなんですが、それほど高いお給料をもらえる仕事ではありません。というか、金額を書くと「ええーっ！　たったそれだけ？」と、ビックリする人が大勢いると思います。お給料は少ないけれどやりがいがあるので、介護の世界に入った人は、会社は変わってもずっと介護業界で働いています。

「あれ？　こないだまで○○社でしたよね？」

「ええ、先月、こっちの会社に転職したんですよ～」

というのが、結構、普通に〝あり〟の世界なのです。

ここで、ちょっと話が横道にそれますが、〝好き〟に関することで思い出したことがありますので、書きたいと思います。

ブログ読者の方から「実はいま、転職しようかどうしようか悩んでいます」という内容のメッセージをもらうことがあります。

私は、「転職はする時はすべき」「何回転職しても悪くない」と思っています。でも、「転職しようかな？　どうしようかな？」と心が揺れている人には、よく考えてから、悔いのない結論を出すようアドバイスしています。迷う、ということは、その仕事のどこかに好きなところがある、まだ未練があるということです。

離婚もそうですが、「離婚しようかな？　どうしようかな？」と悩んでいるうちは、まだどこかに好きな気持ちが残っていると思っていいです。本当にイヤになったら、誰がなんと言おうと、それこそスパッと別れます。

ですから、心が揺れている場合は、辞表を出す前にその仕事の好きな部分をじっくり探ってみるのもいいのでは？　と思います。

他の業種の人の話を聞いてみるのもいいかもしれません。どの仕事にも大変な部分がありますが、はたから見るだけではわかりません。その大変さをほんのちょっとでも垣間《かいま》見ることができれば、いまの仕事の良さにも気づけるのではないでしょうか。

話を元に戻します。

やりがいについてですが、〝必要とされている〟と感じることも、仕事のやりがいにつながると思います。

私はいま、訪問介護の仕事をしていますが、「今日はちょっとしんどいな、あー、休みたい」と思っても、「いやいや、今日は○○さんとあの話の続きをしなければ！」と思うと、自然にやる気が湧いてきて、元気になります。

また、訪問先の利用者さんから「アンタが来てくれたらホンマ、面白いわ、また来てな。ありがとう」と言われると、それが大きな励みにもなります。

もちろん、これは介護の仕事に限ったことではありません。

事務職なら、本人以外誰にもできない事務処理があったり、営業のサポートが抜群だったり、販売職なら、あなたから買いたいと言ってくれるお客さんがいたり、自分が売り上げなければ店が成り立たないとか、その人が突然、辞めてしまったら周囲が困ってしまう部分はいろいろとあるわけです。

ですから、自信を持って、「私は会社に必要とされている」と考えてもいいと思います。

誰かに言う必要はないわけですから、遠慮せず、自分のことをもっと高く評価してもいいのです。それが、やりがい、やる気にもつながっていくと思います。

苦手な同僚や先輩との関わり方

仕事はやりがいがあるけれど、職場に苦手な人がいる。それが悩みのタネ、という場合もあります。介護は女性が多い仕事ですから、気の合わない女性同士が激しく対立することもよくあることです。

以前、勤めていた会社でも派手なケンカがありました。みんなのいる前で相手をなじったり非難したり、書類が入ったファイルをわざとバシッと音を立てて机に叩きつけたりと、女性同士の1対1のケンカは、結構、迫力があります。

最初はちょっと気にさわるといった程度だったのに、「あの人、ホンマ、性《しょう》悪《わる》やわー」と、その人への不満を周囲に話していると、自分のその言葉に触発されてますます相手への憎しみが募《つの》っていってしまうのです。

「腹が立つ」「嫌いだ」というネガティブな気持ちに集中してしまうと、その感情がどんどん大きくなるからです。そうなると、最終的にどちらかが辞めざるを得なくなる、といった最悪の結果を招いてしまうこともあります。

世の中には気の合わない人もいます。みんながみんな自分に好意的ということはあり得ません。気にさわるようなことを言ってくる人がいたら、その人はもうそういう人なんだから仕方がないとあきらめて、ストレス解消に力を注いだほうが良いと思います。

そして、そういう相手は、自分に対して1日に3個はイヤなことをしてくる、もしくは言ってくる、と覚悟しておくとあとが楽です。

何もしてこないのが普通、と思っていると、イヤなことを1個されただけで、「ンモー、朝からイヤなことを言ってきたー、キイィー!」とイライラしてしまうので、自分の感情を守るためです。

たとえば、朝、こちらからにこやかに「おはようございます」と挨拶したのに、向こうはブスッとしたままで無視したとすると、「おぉ〜、今日は朝から

1個目がきたかぁ」と考えるわけです。あと2個はあるよね、と。

3個までOKですから、仕事が終わった時に2個しかイヤなことをされていなかったら、「え？　今日は2個で終わり？　いいの？」と思えますし、1日の間に1個もイヤなことをされなかった日があったら、「今日はどないしたん？　1個もイヤなことをせえへんかったやん。ええの？　ありがとう」という気持ちになれます。余裕を持てると、たまに4個されたりしても、「おっと〜、今日は頑張るやんか。1個オーバーの4個ですけど？」と、キリキリせずに済むわけです。

この〝3個までOK作戦〟は、精神衛生上、とても良い方法だと思っています。

ただ、なかには気が合わないというレベルをはるかに超え、数人から仲間はずれにされるなど、職場で陰湿ないじめにあっているケースもあります。

その場合は、改善の余地がなければさっさと去ることもひとつの方法です。どこか別の場所に、快く《こころよ》受け入れてくれる職場が待っているからです。

いじめを受けて退職に追い込まれてしまった人から届いたメッセージには、こんな気持ちが綴られていました。

「会社でひどい仕打ちを受けて精神的にボロボロになり、もう辞めるしかないと退職を決めました。でも、このまま黙って去るのは納得がいきません。仕返しに、すべてをぶちまけて辞めようと思っています」

この方の心情はとてもよくわかります。

でも、結論から先に言うと、仕返しはできればやめておいたほうがいいです。霊格が下がるとか、相手からの悪い念が飛んでくる、ということもあるにはあるのですが、それよりも何よりもまず、その人自身のためです。

自分では、これは自分にされたことを返しただけ、つまり、これでプラスマイナスゼロだと思っていても、魂の記録、もしくは宇宙の記録にはそう書かれないからです。〝他人に対し良くない仕打ちをしました〟と書かれてしまうのです。

というのは、自分が意地悪をされたことと、いまから自分がする仕返しは、どちらも独立した出来事で、宇宙の法則ではそこに関連性はなく別件となり、因果関係は認めてもらえないのです。プラスマイナスゼロだから仕返ししても良い、と思っているのは人間だけなのです。

告げ口をして相手を窮地に陥《おとしい》れる、という仕返しの行為は、自分がされたことと差し引きゼロにはしてもらえないので、新たなカルマを作ってしまうことになり、そのカルマを解消するためには、また何かでバランスを取らなければなりません。

これまで精いっぱい真面目に、正直に生きてきて霊格を上げてきたのに、意地悪をするようなそんな人に仕返しをして、魂の記録に黒い汚点をつけてしまっては、本当にもったいないです。

〝自分がしたことはいつか必ず戻ってくる〟というのが宇宙のルールですから、意地悪をした人には、それ相応の出来事が必ず待ち受けています。

周囲を見渡すと、数年が経過したのちに、そういう人はちゃんとそれなりの報《むく》いを受けている例を数多く目にすると思います。

仕返しは自分の霊格を下げてまでする価値があるとは思えません。自分がしなくても、宇宙のルールがちゃんと代わりに仕返しをしてくれる、そう思って、その人たちのことはスッパリ切り捨てて、忘れたほうがいいのではないでしょうか？　というのが、私からのアドバイスです。

第四章

悩みとの上手な向き合い方

自分の直感を信じる

ブログの読者の方からはいろいろな質問やメッセージをいただきますが、その方が懇意にしている霊能者についての質問や悩みも多いです。

ここ最近よく届くのは、最初はそうでもなかった霊能者が、だんだん高圧的な態度になってきた、というものです。少しでも反論というか、自分の意見を述べようものなら、その霊能者は豹変《ひょうへん》して怒り狂い、「あなたには悪霊が憑《つ》いている」とか、「魂が汚れている」とか、「神様に嫌われている」などと言って罵倒《ばとう》するらしいです。

そのような態度や言葉によって、とても傷ついたり苦しんだりしている人が少なくないのです。

見えない世界のことなので、〝見えると言っている人〟をすごい人なのだ、真実を言っているのだ、と思ってしまうのでしょうが、そうではない場合も多々あります。

ですから、そこはやっぱり自分の直感を大切にしたほうが良いと思います。

もちろん、世の中にはすごい力を持つ霊能者の方もいらっしゃいます。でも、ありもしないこと、見えてもいないことをそれらしく言う偽物もたくさんいるのです。あの手この手で言葉巧みに高額を請求してくる人が多いようですが、お金をたくさん払わされるぐらいならまだいいほうで、偽物の霊能者からおかしな除霊や浄霊を受けたことで悪い霊にでも憑かれてしまったら、それこそ大変なことになります。

悩みや心配事があるから霊能者に相談に行くのはわかります。でも、質《たち》の悪い霊能者にひっかかってしまうと、傷つくようなことや不安を煽《あお》るようなことを言われ、つい大金を払ってしまったり、その霊能者の元に通うことになったりします。それだけでなく、危険な目にあうこともありますので、本当に注意が必要です。

相手がどんなにすごいことを言う霊能者でも、どんなに口コミで評判が良くても、自分が接してみて「何か変だな？　本当かな？」と感じたら、その直感は正しいと思ったほうがいいです。先ほどの読者の方からの悩みのメッセージでもほぼ全部に、途中でおかしいと感じました、と書いてあります。

つまり、魂はちゃんと〝偽物〟と判断しているわけです。守ってくれている神仏や守護霊が、これ以上深入りしてはいけないという信号を送ってくれているのです。

あちらの世界のことは、私には見えないし聞こえないから霊能者に頼るしかないのです……という考えの方もいらっしゃると思います。頼っても大丈夫な、優秀な霊能者を見つければ全然問題はありません。ですが、残念ながらそういう能力の高い人は正直言って多くありません。

そこで私がお伝えしたいのは、自分の直感力、つまり自分の霊感の感度をアップさせましょう、ということです。

先に断っておきますが、霊能者は全員インチキだとか、霊能者に頼るのは良くないという話ではありませんので、誤解のございませんように。

誰にでも、〝感じる力〟いわば霊感は備わっています。

「私には霊感がない」と考えている方が多いのですが、誰でも絶対に持っています。同じ人間ですから、霊能者にしかない能力というわけではないのです。

たとえば「裏通りの路地でなんだかイヤな気持ちになった」とか、初対面の人と会った時に「この人とはうまが合わないな」と感じたりすることはないでしょうか。

このように、〝そんな気がする〟〝なんとなくそう思う〟……というのは、誰かが教えてくれたことではなく、自分の第六感のようなもので感じているわけです。つまり、〝感じる力〟で何かしらの情報を得ているということです。

この〝感じる力〟を育てていくと、霊能者の言葉より自分が感じる力のほうが正しいことがわかってきます。

たとえば、母親が亡くなって、「お母さんはちゃんと成仏したかな？」と、ふと思ったとします。

そういう時に、霊能者から「お母さんは成仏していますよ」と言われれば安心できるとは思います。でも、自分で感じ取ったことでないものは、たとえ無自覚であっても、どこか半信半疑でちょっとした疑いが残ります。

そのため、時間が経って何か気になること……たとえば、仏壇のお花の枯れ方が異常に早いとか、そういうことがあると「あれ？　本当に成仏しているのかな？　大丈夫かな？」という思いが浮かびます。気持ちが揺れてしまうのです。

それとは違って、自分で「あー、お母さんはちゃんと成仏しているな、良かったぁ」と感じ取ることができれば、心の底からホッと安心できます。自分が魂で感じた実感を伴うので、確信を持てるというか、安心できるレベル、ホッとする度合いが全然、違うのです。

このような場合も、「そんな気がする」といった直感で受け取る感覚なら、どなたにも経験があるのではないでしょうか。

お母さんの大好物のおまんじゅうを仏壇にあげた時に、ロウソクの炎がシューッと長く伸びたのを見て、「お母さんからの合図かな、喜んでくれてるのかな」と感じたことはありませんか？　だとしたら、それはもう、お母さんが喜んでいることを、つまり、そのお母さんからの信号を感じ取っているわけです。そういうちょっとした感覚を大事に積み重ねていくことが大切です。

自分では「お母さんが喜んでくれてうれしいなー」と心穏やかに思えているのに、霊能者に聞いてみたら、「お母さんは成仏していません。供養が必要です」とキッパリ言われたらどうでしょう？

その霊能者の能力は本物なのか？　という根本的な部分を考える余裕もなく、「早く供養してあげなきゃ！」と霊能者に言われるままの金額を払う……という事態になるのではないでしょうか。

私のもとに来たメッセージでは、男性の霊能者にイタズラをされて、心に深い傷を負ったという方がいますし、別の方は、変な除霊をされて以来、体調が悪くなって治らないと書いていました。お金をたくさん払ったという話を書かれている人は結構います。

霊能者は本物の神仏とつながっていない人が少なからずいます。それを見抜き、取り返しのつかない事態を避けるためにも、自分の直感をもっと磨き、育て、信じることをおすすめします。

愛する人の死を乗り越える

両親や、兄弟姉妹、夫または妻、恋人、親しい友人など、愛する人を亡くした喪失感に打ちひしがれて、死の悲しみからなかなか抜け出せない、という方がいらっしゃいます。

高齢者の方に伴侶を亡くした当時のことを聞くと、本気であとを追おうと思ったと語る人が何人もいます。20年も30年も経っていますが、いまだに、「つらかったわー、あの時は」と言っています。

この世に存在がなくなり、顔が見られない、声を聞くこともできない、二度と会えない、のはたしかにつらいことです。

ここであっさりと言いますが、亡くなった愛する人とは自分があの世に行った時にちゃんと会えます。

私の従妹《いとこ》が亡くなった時の話はブログや本に書いていますので、ご存じの方もおられると思います。その本ですが、たまたま出版社さんが決めた発売日が彼女の四十九日で、従妹は自分の話が載った本のことを喜んでくれているのだな、と思いました。

四十九日の少し前に、叔母から「法要が無事に済んだよ」とメールをもらい、良かった良かった、と心からホッとしました。法要は早めにする分にはかまいませんが、遅れてはいけないのです。従妹の法要も早めに済ませたようでした。

メールをもらった翌日だったと思います。とてもお天気の良い日で、私は空を見上げていました。頭のなかは全然別のことを考えていたのですが、突然、従妹が見えました。

「あっ、Kちゃんだ！」と、思っていると、今度は左手上空から祖父が現れました。祖父は霊格がとても高くなっていますから、祖父のまわりからは仏の高波動が流れています。

2人は同じ面というか同じ次元にいるのではなく、Kちゃんは祖父のいる場所から斜め下に下がった次元にいます。たとえて言うなら、祖父が天井近くのエアコンの位置で、Kちゃんは高波動の風が優しく吹き下ろす床にいて、エアコンを見上げている……という感じです。

祖父が徐々に高度を下げて、Kちゃんに近づきます。そして2人の距離が近くなると、祖父はKちゃんに手を差し伸べました。

予想外の行動に「ほー」と思いつつ見ていると、Kちゃんはニコニコとその手をつかみます。

手をつないだ瞬間に会話ができるのか、祖父が「不安はなかったか？　怖くなかったか？」と尋ね、「うん、識子さん（実際はここは本名です）がいろいろと教えてくれたから大丈夫だった」とKちゃんは答えています。

「そうか、識子が教えてくれたか……」と祖父は頷《うなず》いていて、この会話はどうやら死んだ直後のことを言っているようでした。

2人はとても穏やかで温かい雰囲気でした。いくつかの会話を交わすと、祖父がKちゃんの手をしっかり握って、Kちゃんを引っ張り上げました。

Kちゃんの体は、先ほどのたとえで言うと、床から祖父がいる次元へと入り……そこでぷっつり見えなくなりました。

「この世との境目の世界から、仏の世界へ行ったんだな」と思いました。これが成仏する、ということなのです（この時に私が見た光景は成仏をイメージ化したものです。のちに死後世界について知ったことは『死んだらどうなるの？』という本に書いています）。

実は、死ぬ瞬間のお迎えは（お迎えがある人とない人がいます）、身内ではないことが多いようです。なぜか、というところまではわかりませんが、見たことがない他人のため、拒否する人が多いらしいです。

死ぬ少し前に「あっち行って！」とか「こないで！」とか叫ぶ人がいるという話を聞いたことがあると思います。知った人ではないので死神に見えたりするのかもしれません。

お迎えに来てもらった人は、お迎えの人について死後世界へ行くわけですが、四十九日の成仏する時、つまり、仏の世界に入って歩み始める時、それは自分があちらの世界で元いた場所に戻ることも意味するのですが、その時は、生前の身内や親しかった人が出迎えてくれるのです。

その時に愛する人に来てもらって再会を果たすためには、亡くなった人に霊格が高くなってもらわねばなりません。万が一、愛する人が成仏していなければ、次元が違うので会えなくなってしまいます。

いとしい人がもしも成仏していない場合も、成仏したあとの仏の道を歩むお手伝いをしてあげたい場合も、この世に残った私たちは、亡くなった愛する人のサポートをしてあげることができます。

それが、供養です。

その供養もお金をかければいいというものではありません。いちばんいい供養は、〝愛〟を感情として送ってあげることです。

どういうことかと言いますと、これは手を合わせて「愛してますよ」と言葉で言う供養ではありません。

仏壇やお墓で手を合わせたまま、目をつぶり、その人の笑顔を思い出したり、その人との楽しかった場面を思い出して、「ああ、私はこの人のことが本当に好きだったな」としみじみ思う、〝その感情になる〟ことです。

仏壇や墓前で合掌していますから、この感情が相手にストレートに届きます。亡くなった方が親であれば、楽しかった思い出、ありがたいと感謝した出来事などを思い浮かべて、その感情になるといいです。子どもの頃のことでもかまいません。「あの時は楽しかったねぇ、お父さん」でも愛情は届いていますから、お父さんは喜んでいます。

亡くなった方を心配して「何か、欲しいものはない？」「言いたいことはない？」などと言ってしまうと、そういう心配の念を送ってしまいます。

手を合わせた時に、亡くなって悲しいわ〜、つらいわ〜、と言うと、その感情を相手に与えてしまうのです。愛や感謝の念は相手の霊格を上げるサポートになりますが、心配や悲しみの念は逆に妨《さまた》げになってしまいます。

愛する人に先立たれた方はおつらいでしょうが、泣いてばかりいると、故人が「先に死んですまんなぁ……」と思ってしまいます。立派に人生をやりとげてあちらの世界へ帰っていった人に、罪悪感を持たせることになるのです。

人間いつかは死ぬし、どちらが先に逝《い》くかだけの問題で、自分が先に死んで夫を悲しませなくて良かった、この苦しみを与えなくて良かった、夫だったら乗り越えられなかったかもしれないと考え、さらに「夫よ、私のこのつらさ、そっちへ行ったら返してもらうからねー、そこは覚悟しといてよー」くらいの気持ちでいるといいのではないかと思います。

「ワシ、死んだらお母ちゃん（妻）にひとこと文句言うたるねん。なんでもっと、はよー迎えに来うへんかったんじゃー！　ってな」と笑っている高齢者の方もいます。

人の一生なんてあっという間です。亡くなった人と会えるその時までの少しの時間、自分にやり残しがないよう過ごすことも大切かと思います。

見えない世界のことを知ることで、愛する人を亡くされた方の気持ちが少しでも軽くなったり、悲しみから1日でも早く立ち直っていただければ、と思います。

〝心の傷〟の原因は過去世にあった⁉

心についた傷というのは、治るまでに時間がかかります。そしてそれが、悩みや苦しみの原因になることがあります。しかも心の傷のせいだと本人が気づいていないことが多いのでやっかいです。

私は、いつの頃からか、なぜか自分に自信がない……という悩みを持つようになりました。過去のトラウマが原因かと思い、幼少期の出来事からいろいろと思い出してみましたが、思い当たるものは何も見つかりません。

学生時代はスポーツを必死に頑張り、それなりの成果も出していましたので、やればできる自分を知っています。それなのに、何をするにも自信がなくてオドオド、ビクビクしてしまうのです。

これといった理由の見つからないコンプレックス、いわば〝根拠のない自信のなさ〟というものを常に抱えているというのは、かなりしんどいです。

自分でも、「なんでこんなに自信が持てないのだろう?」とずっと疑問でしたし、いろんな人にも「なぜそこまで自信がないの?」と言われていました。

それが、ある過去世を思い出したことで、長年の疑問が氷解したのです。


前述しましたが、その過去世での私は、古代ギリシア時代に生きていた男性でした。恰幅《かっぷく》のいいがっちりとした体格で、いまはない当時の投てき競技(円盤投げややり投げなど、手を使って物を遠くに投げる競技)の選手をしていました。

右目は失明していて瞳が白濁していましたが、それがなくても顔自体がすっごく不細工です。そのうえ、性格も暗く引っ込み思案だったため、女性にはまったくモテませんでした……。

当時の男性にとって、競技で優勝するのは女性からの人気を集めるいちばんの近道でした。女性にモテないというコンプレックスから脱したくて必死に頑張って優勝したのですが、それでも誰も近寄ってきてくれません。

私と違い、痩せていて性格も明るい親友は、別の競技で優勝し、結婚もしているのに女性にちやほやされています。人気者の親友の横で、私はみじめな気持ちをかみしめていました。

あとからわかったことですが、実はこの人生は、頭脳を使って社会に貢献することを目的に生まれていました。そのために、ずば抜けて優秀な頭脳で生まれていたのです。そこに専念するために、あらかじめ「パートナーとは歩まない」という人生を計画していました。

でも、過去世の私はそのことに気づかず、〝モテない不幸な男〟というレッテルをみずから貼って、自分で自分を精神的に追い込んでしまったのです。

そして〝こんな自分に自信が持てるはずがない〟という心の傷を、私は今世に持ち越していたのでした。

自信を持てない理由はこれだったのか！　とわかった私は、「いまは別の人生を生きている別人だから、このコンプレックスはもういらない」と自分に何度も何度も言い聞かせました。

この過去世を思い出してから、ギリシャにも行ってきました。

過去世で投てき競技をしたオリンピア競技場は、いまも古代遺跡として残っているので、そこに実際に足を運んだのです。

そこでは面白い不思議な体験がたくさんありました。正門ゲートをくぐろうとした時に、「いや、違う。私はこっちの方向がなんとなく懐かしい……」という思いが浮かび、直感を頼りに歩いていくと、そこにはちゃんと選手用の裏門がありました。

その向かいの建物もすごくよく知っている感じがして、「この建物によく出入りしていたはず」と思って説明を見たら、そこは選手用の入浴施設跡でした。

「結構、覚えているもんだな～、魂ってすごいな」と思いました。

そのあともいろんな建物跡が懐かしく、興奮したり感動したりの連続でした。

実際に行き、当時の場所を見ることで、古代ギリシア時代の自分といまの私は別なのだということをより深く納得でき、長年のコンプレックスから完全に脱することができました。最終的に心の傷を手放す時には、教会の高級霊（日本で言えば、神社の神様やお寺の仏様）の力を借りました。

過去世といまの自分は別の人間ですが、魂は同じです。過去についてしまった心の深い傷が、時を経て、すでに生まれ変わっている別の人間に影響することもあるのです。

しかし、それはすでに終わった過去のことで、単なる傷跡なのだと理解すれば、今世の自分には影響させないようにできます。

「でも、私は自分の過去世を思い出せないいんです……。そういう場合、どうすればいいのでしょうか？」という質問が浮かんだ方もいらっしゃると思います。

たとえ思い出せなくても、いまの自分が持っているコンプレックスにこれといった原因が見つからない場合、その原因が過去世にある可能性は高いので、これは過去世の別の人間が負った心の傷跡でいまの自分のものではない、と自分に言い聞かせるようにするといいです。

たとえば、水がどうしようもなく怖い、何をやっても克服できないとなると、過去世で溺死したのかもしれず、その時の恐怖が魂にこびりついているのかもしれません。

そうかも？　と思ったら、自分はもう別人に生まれているのだから、大丈夫大丈夫、と自分に繰り返し言い聞かせます。それでも傷がしつこくて癒えない場合、神社仏閣に行って、神様仏様の力を借りるといいです。

仏様の前に長く座っていられるお寺に行って、仏様の尊いお顔をながめながら、その時の傷ついた自分の魂を癒してください、とお願いします。

仏様は、現在の自分のなかにある過去世の自分を解放してくれます。見える人には過去世の自分が天に昇っていく姿が見えると思います。過去世がたとえ外国人であっても問題ありません。

神社だったら、先に本殿で詳しくお願いしてから、境内《けいだい》でゆっくりできる場所に座ります。その神域で同じようにお願いします。

ゆっくり座れる場所がない神社であれば、祈禱《きとう》をしてもらってもいいです。昇殿して、神職の方の祝詞《のりと》をＢＧＭにし、神前でお願いすれば解放してくださいます。

このように過去の自分といまの自分を切り離し、当時の傷を手放すことで、消えていくコンプレックスや悩みがあります。すべてが過去世からきているものではないにしろ、試してみる価値はあると思います。

自信を持つと人生が開ける

古代中国で生きていた過去世を思い出した時は、自分に自信を持つことがいかに大切か、ということを学びました。

この過去世での私は、内部が赤い色に統一されている大きな宮殿のような建物で働いている男性でした。王宮のようにも思えますが、私が仕えているのは王ではなく将軍だったかもしれません。私はその王か将軍の側近で、占いをもとに、いろいろな助言をする仕事をしていました。

頭には国家占いをする者だけが身につけることのできる独特の黒い冠《かんむり》をかぶり、長い髪を後ろでひとつに束ねています。

この国家占いは誰もが学べるものではなく、王（私は王だと思っていますが、秦の始皇帝のような皇帝かもしれません）の許可がいる特別な学問で、本当にわずかな人数の人しか研究することができませんでした。

若い頃に学ぶ許可をもらった私は、国家占いをする仕事に誇りを持っていました。でも、60代半ばになった頃、私は占いを大きくはずしてしまい、その日、仕えている王、もしくは将軍にものすごい剣幕で怒られています。

それも当然です。戦いか何かの重要な局面の占いで、私は取り返しのつかないミスをしてしまったのです。

若い頃から猛勉強し、長年、実績も経験も積んできた占いでしたが、そのひとつのミスで私はすっかり自信をなくしてしまいました。それからは、占うたびにビクビク、オドオドしていました。

そんな調子でやる占いがうまくいくはずがなく、私の占いはほとんど当たらなくなってしまいました。

国家占いは現代の占いとは違い、本格的な天文学や気象学、数学も含んでおり、それらを複雑に組み合わせて計算し、さらに霊的なものも加えて占う、といったものです。

国家の方針を決定する際にも指針となる占いです。それほど重要なものでしたから、当たらない、となると、これはもう一大事です。

王（または将軍）は少し様子を見ていたようでしたが、占いが当たらなくなったことに激怒し、ついに私は処刑されてしまいました。

この過去世の人生は多くを思い出せず、このくらいしか記憶がありません。でも、人生が終わった瞬間に、〝自信の大切さ〟を思い知らされました。

この時私は、国家占いの師匠の言葉を思い出していました。

「自信にはパワーがある」

「強くて揺るぎない自信は、〝現実を動かす〟」

「自信に満ちあふれて堂々としていれば、現実のほうが変化するのだ」

それだけの力を自信というものは持っている、だからお前も自信を持って占え、と口を酸っぱくして言われていたのです。

その師匠は霊的に目覚めた人でしたので、これは真理だろうと思います。

身近な例もあげてみます。

もうずいぶん昔の話になりますが、私は一時期、カルチャー教室のコースで勉強をしていたことがあります。その時の受講者に若い男の子がいました。その男の子は引っ込み思案で誰とも会話をせず、1人静かに通っていました。みんなが打ち解けて飲み会だのランチだのに行っていても彼は参加しませんでした。

これはあとから知った話ですが、彼は学生の時にいじめにあっていたことがあり、頭は悪いし（本人談です）、イケメンじゃないし（これも私の感想ではなく本人談です）、モテないし、なんの取り柄もない、と自分を卑下《ひげ》していたのです。

たまたま彼と席が前後になりいろいろと話をしていて、私は彼が休憩時間やお昼休みに読書をしていることを褒《ほ》めました。彼との会話で、あの本にこう書いてありましたよ、というありがたい知識をもらったことがあるからです。

彼は照れて、そんなのお世辞でしょ、みたいなことを言っていましたが、とてもうれしそうで、それからは彼のほうから積極的に話をするようになりました。

そしてその受講が終わりに差しかかった頃、約6ヶ月間、彼が無遅刻無欠席だったことに気づき、「すごいね！」と言うと、彼はテンション低く「普通でしょ？」と言うのです。

いやいやいや、絶対違うから、と言うのですが、「だって、ここに来ることは誰でもできるでしょ？　朝起きて、家を出て、電車に乗れば来られるんですよ？」というのが彼の主張でした。本気でたいしたことない、と思っている口調だったのです。

「だから、ボク、小中高もずっと無遅刻無欠席でしたよ。行くことぐらいできるでしょ」と当たり前のように言うので、近くにいたおっちゃんの受講者をひっつかまえて、話をしたところ、「えっ！　それはすごいな、○○君！　普通はできひんよ！」と驚いていました。

そこで他の人も「何？　何？」と寄ってきて、小中高無遅刻無欠席の話を聞くと全員が「それはすごい！」「偉いねー」と感嘆の声をあげていました。そこで彼は、初めて自分が達成した偉業に気づいたようでした。

それからの彼の変化は目を見張るものがあり、いじめられっ子だった面影はまったくなくなって堂々とし、自分から積極的に意見を述べたり、発表したりしていました。

そうなると現実（周囲）のほうも変わってきて、若い女の子の受講者が彼に好意を持ってアタックしていました。

自信を持てるものが見つかれば人は変われる、そしてその自信は現実を変えていく、ということを深く理解できた出来事でした。

また、『日経ビジネス』で「ビジネスで大成功する人は〝根拠のない自信〟を持っている」という見出しを見たことがあります。

その時にも「やっぱりそうなんだ。自信は現実を変える力があるんだな」と、確信を深めました。

この〝自信を持てば物事はうまくいく〟というのは、資格試験などで実力が出せないと悩んでいる人や、仕事がうまくいかないと悩んでいる人、何かがなかなか上達しないとか、何をやってもうまくいかない、と悩んでいる人には特におすすめのアドバイスです。

本当に、単純に根拠のない自信でいいのです。

「私、子どもの頃から運だけはいいのよね～」

「オレはいつか何かで成功するような気がする」

という、人が聞いたら「はぁ？」と思うような自信で十分なのです。

強くて揺るぎない自信には、現実のほうが負けて変化をしてくれる……これは、もしかしたら宇宙の法則のひとつなのかもしれない、と私は考えています。

不幸の先払い

ちょっとでも何か思わしくないことが起きるたびに、「不吉だ」とか「運勢のリズムが不運モードに入ったのでは？」といちいち考えると、ますますツキから離れる運回りになったりします。

たとえば、道で転んでひざをすりむいた時に、「何か悪いことが起こる前ぶれ？」と考えてしまったり、「神様が怒っているのだろうか」と不安になる人がいるようです。

私は逆にそういう時「あー、良かった」と思います。

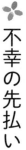

それはなぜかと言うと、あそこで転ばなかったら、その先の道で交通事故にあっていたかもしれない、と思うからです。

転んで、「イテテテ」とひざのケガ具合を確認していると、そこで何分か時間が経ちます。その何分かをそこで消費したおかげで、交通事故にあわずに済むわけです。

神仏が大きな〝魔の落とし穴〟（突然襲ってくる大きな不幸です）から救ってくれたのだと思いますし、実際、そうである場合が多いのです。

それとは別に、ここで不幸がひとつあったから、しばらくは平穏無事に過ごせるな～、とも思います。

先日、利用者さん宅で小さなやけどをしました。「こんなに小さなやけど、1日で治るわ～、この程度で済んで良かったー」と思いました。そして、この小さなやけどをしたことでしばらくの間、不幸はないだろうと思うと、ホッとした気分にもなりました。

また、私はよくコピー紙で指を切ったりもするのですが、そういう場合も、「もしも交通事故なんかでざっくりお腹《なか》が切れたらえらいことやん、こんなイテテ程度で済んで、ありがたい、ありがたい」と思います。

ブログにも書いていますが、願いを叶えてくれるという南米のエケコ人形が、元夫の不注意で靴箱から落下し、首が折れたことがあります。

その数日後に、今度は自分の不注意で掃除機を扇風機に引っかけて倒してしまい、扇風機の首（?）をポッキリ折りました。買い替えなければならないので予定外の出費です。

普通はここで「不吉すぎる！」と思うのではないでしょうか。でもこの時も、ああ、これでしばらく不幸はこないな、と思いました。これは言い換えるなら、不幸の先払いをした、ということです。

こういうことが起こるたびに、私は「大きな不幸や事故を、小さな不幸で終わらせてもらえてありがたい」と思います。

しかし、大きな不幸がバンバン重なる、自分は不幸なのだと認めざるを得ない……というくらいマイナスの出来事オンパレードとなると、それは、日常的に細かい不幸の先払いをしているのではなく、人生において、まとめて不幸の先払いをしている可能性があります。

わかりやすく言うと、人生の前半は苦難続き。自分の人生にはこの先、何ひとつ希望が持てない……という状況だったとしても、それは不幸の先払いをしているだけで、実際に人生の後半になると、それまでのことがウソのように明るく幸せな日々が待っていた、というケースです。

そのことを私は、自分の弥生時代の過去世から学びました。

この過去世での私は、九州の筑豊《ちくほう》地方に住んでいた男性でした。10歳ぐらいだったある日のこと、外から帰ると父が死んでいました。うずくまった状態で、すでに体が硬くなっていたのです。

母はとっくの昔に亡くなっていて、妹もずいぶん前に死んでいます。母が死んだ時も、妹が死んだ時も本当につらかったのに、わずか10歳で、また愛する人の死を体験したのです。

ずっと父とふたり暮らしでしたが、とうとう父まで死んでしまい、私はひとりぼっちの天涯孤独《てんがいこどく》の身の上になってしまったのです。まだ子どもだったので、伯父夫婦が面倒をみてくれましたが、従兄弟《いとこ》たちといても疎外感があって、いつも肩身が狭く、悲しい思いやつらい思いをたくさんしました。

人生の前半は、このようにつらく苦しいことばかりが続いたのです。

そんな私も、20代半ばに結婚しました。妻は14歳です。

よほどうれしかったのでしょう。この結婚式の光景は、とても鮮明に思い出すことができます。

高床式の神殿で挙式（といっても食事会のようなものですが）をしています。

その時の空は美しい夕焼けで赤く染まっていました。

男女が分かれて座れるように大きな座卓がふたつあり、卓上には焼いた魚や赤っぽい米などが並べられていて、榊《さかき》も飾られています。集落の長老らしき白髪の老人を含め、男性たちは濁ったお酒を飲んでいます。

私の前歯は欠けていましたが、当時はそれほど珍しくありませんでした。真っ黒い髪をみずら（当時の成年男性の髪形で、髪を頭の中央で左右に分け、両耳の下あたりで輪にして結った形です）に結い、青い勾玉《まがたま》のネックレスをしています。藁《わら》で作った腰みのをつけ、ふくらはぎまで藁で編んだ靴を履いていました。

妻は足も手もすっぽり隠れる白い服を着ています。袖は手が見えないように長く作ってあり、袖口が広くなっています。そして、髪の毛にはアクセサリーをたくさんつけていました。

夜が更《ふ》けて妻は先に帰りましたが、私は今日という日がうれしくて、うれしくて、明け方まで飲み続けました。

その後、妻は4人の子どもを産んでくれましたが、私は子どもよりもはるかに妻を愛していました。とにかく毎日この妻がいとおしくてかわいくて仕方ありません。

妻もあふれんばかりの愛情を私に注いでくれています。私たち夫婦は、いつも温かい気持ちで愛情豊かに暮らしていたのです。

私は37歳で肺を病んでしまいました。死ぬ間際は時々息ができなくてものすごく苦しいのですが、妻と4人の子どもが看取《みと》ってくれているので、満ち足りた気持ちです。愛に包まれながら死にゆくことに感謝しています。

苦しんで死んだのに、死に顔は微笑んでいました。本当に後半は幸せな人生でした。

この人生は、前半にまとめて不幸の先払いをしていたのです。

前半はつらく悲しい出来事が次々に襲ってきましたが、私はそれを乗り越え、後半はそのご褒美《ほうび》のような人生でした。

このように、何も悪いことをしていないのに、苦しいことやつらいこと、悲しいことばかりが起こる人生は、不幸の先払いをまとめてしている可能性があります。

つらい人生を歩んでいる方は、この不幸はカルマなのか、修行なのか、と考えると、余計つらくなってしまうと思います。

不幸を全部サッサと先払いして、あとから幸せだけを享受するという人生の展開もあります。

不幸ばかりを体験しておくと、のちにいただく幸せのありがたみが何倍にもなって、後半の人生は深い感謝や幸福感でいっぱいになります。

自分では忘れていても、そのような人生を経験してみようと計画してきた可能性もあるのです。

将来への漠然とした不安

「将来のことを考えると、なんだか不安になる。もっと年を取って働けなくなったら、どうしよう。年金なんかあてにならないし、パートナーはいないし、食べていけるのかと心配になる……」

将来に対するこのような不安を抱えている人が私のまわりにいます。その不安は漠然としたものですが、時々襲ってきて悩ませるようです。

しかし、もしかしたら、1年後にポックリ逝ってしまうかもしれず……そうなったら、10年も20年も先のことを、うーんうーん、胃が痛いー、と悩んだその気苦労は意味がなかった、となります。

どうなるかわからない未来の心配をするのは時間がもったいない、というのが私の考えです。

私は人間の寿命は多少の誤差があるにしろ、生まれる前にすでに決まっていると思っていますし、実は、自分の寿命もわかっています。

そして、死ぬのはこのあたりの年齢という寿命があるということは、それまでは何があっても絶対に生きていけるはずなのです。

たとえば、寿命が80歳だとしたら80歳で死ぬわけですが、逆に考えれば、80歳までは死なないということです。

〝死ぬ時が来るまでは生きられる〟〝将来は絶対、どうにかなる〟と、これはもう揺るぎなくそう思っています。高齢者の方々の人生を見ても、人間って必ずなんとかなるもんだな、と思います。

首をつるしかないという窮地に立たされて全財産を失った人を、福祉用具専門相談員の時に担当しましたが、飢えることなくちゃんと生活していました。

未婚で子どももいなくて、身寄りが誰もいない利用者さんは、若い頃、老後をとても心配していたそうですが、遠い親戚の子がたまたま近くに住むことになって、高齢者となった現在、いろいろとお世話をしてもらっています。なんとかなるのです。

自分のこれまでの人生も、私はこの考えで生きてきました。

福祉用具専門相談員を辞めた時も、まわりの友人や家族がみんな口をそろえて「その年齢で辞めたら、もう次の正社員はないよ。ヘタしたらパートで一生、生きていくしかなくなるよ。老後はどうするの」と心配して言ってくれましたが、私自身は何も心配しませんでした。

この時もいまも、将来のことに一切不安はありません。お金のこともそうです。これくらいの老後資金があったほうがいいだろうからもっと貯金をしておこう、と考える人がほとんどですが、私は、お金もきっと大丈夫、と思ってきました。だから不安になることなく正社員も辞められたのです。

「え？　識子さんっておバカなの？」と思われそうですが、寿命まで生きられるように、神様や仏様や守護霊が取り計らってくれる、と考えています。〝そう信じている〟というのではなく、先ほども言ったように、〝人生はそうなっている〟という感覚です。

もちろん、私だけでなく、誰もが寿命まで生きられるように神仏に取り計らってもらえます。

これは楽にお金が手に入るとかそういうことではなく、働きさえすればお金は入るし、その仕事も何かしらちゃんと用意されていて、働くために病気にもならないだろう、とそういう考えです。実際、70歳を過ぎても、パートをふたつかけ持ちして生活している知人がいます。

もしも、何かの理由で働けなくなるなど、お金が入ってくる道がなくなったとします。なんとかしなくてはと慌てたり悩んだりすると思いますが、たいていの場合、やがて収入の道がどうにかこうにかできていきます。

道ができたのが、一見、偶然の成りゆきに思えても、自分が頑張ったからだと思ったとしても、実は、そこには神仏の力が働いているのです。しかも、人間が思いもつかないような道を用意してくださいます。

たとえば、その人が独身女性なら、急に結婚が決まって旦那さんが養ってくれることになるのかもしれません。あるいは、それまで眠っていたビジネスの才能が花開き、ビジネスを始めたらすぐに軌道に乗るとか、趣味の手づくり品などが誰かの目にとまって、ネット販売でヒット商品になるとかです。

真面目に、誠実に生きてさえいれば、神仏によって何かしらの道が用意されるので、心配はいらないと私は思っています。

第五章

幸せに生きるヒント

幸不幸は考え方次第

訪問介護は、利用者さんのお宅に伺い、料理をしたり、お掃除をしたり、入浴介助をしたりといったお仕事ですが、その合間に、利用者さんであるお年寄りの方からいろいろなお話を聞かせてもらいます。

他愛のないおしゃべりですが、話す内容にはその人の考え方や生き方がにじみ出ます。そこから私は、さまざまな人生勉強をさせてもらっています。

〝幸せは、その人の考え方次第である〟というのも、ただ単に言葉でそう思うのではなく、実際に対照的な2人の利用者さんを見て学びました。

2人とも経済状況はほぼ同じなのですが（生活保護を受給しておられます）、考え方が180度違うので話す内容や表情がまったく違うのです。

わかりやすいように、2人をAさん、Bさんと呼ぶことにします。

Aさんは、いつ行ってもニコニコしています。話す内容はこんな感じです。

「今日から相撲が始まるで！　また毎日楽しーなるなぁ、遠藤、頑張ってほしいなー」

「ヤクルトのお姉さんが来たから買うたんや～。ヤクルトって美味しいなぁ。今日はもう1本飲んだからな、明日はやめといて、またあさって1本飲むねん」

何をするにも幸せそうです。

一方、Bさんはいつもたいてい仏頂面で、話す内容はこんな感じです。

「私なー、夜テレビつけてる時はデンキ消すことにしたんや～、デンキ代もバカにならへんでな。けどなぁ、薄暗いなかにじーっとおってみ？　なんや悲しーなってくるで。お金ないとホンマ不幸やで」

「デイサービスのお昼代、アンタ、なんぼや思う？　８００円やで！　取りすぎやろ。それもな、美味しかったらまだええわいな、それがしょーもないメニューでな、おやつかてあんなん10円や。バカらしーなってな、そんでやめたんや」

　お金がないからこうでああで、ンモー、イヤやわーと、口を開くたびに出てくるのはグチばかりです。ちっとも幸せそうではありません。

　Aさんは何事もポジティブに考えて、自分が楽しめることを見つけ、それをエンジョイして暮らしています。その生き方を見ていると、お金がないと不幸、という図式は成り立たないのだな、と思います。

　それに比べてBさんは、お金がないのは不幸、という観念から抜けられず、毎日、不平不満ばかりで、それでは楽しくないだろうと思います。

　同じような環境でも、考え方が違うとこんなにも人生が違ってしまうものなのかと、2人と接するたびにつくづく感じます。

　こうなると、家のなかの雰囲気も全然、違ってきます。Bさんの家のほうが新しい公営住宅なので建物は立派だし広いのですが、なんとなくどんよりと暗く、Aさんの家は古くても明るく楽しい雰囲気が漂っています。これはもう、玄関を一歩入ったところから違います。

そして、Aさんのほうは、私にも「ヤクルト美味しいで！　1本飲み？」とすすめてくれたり（いただいてはいけない規則なので、もちろん丁寧にお断りします）、「寒いやろー、はよはよ、ここおいで」とファンヒーターにあたらせてくれます。

自分が楽しく生きていると、人にも気持ち良く過ごしてもらおうという余裕が持てるんだな、と思います。私もこんなふうに生きたい、という気持ちにもさせてくれます。

Bさんもいい人で、決して意地悪で言っているのではないのですが、近所の友人がうちに来て半日を過ごす、その人はその間の電気代も暖房費も使わずに済む、ブツブツブツ、とグチを言います。お金がからまない会話では面白い冗談も言うし、一緒にいて楽しいのに、もったいないなと思います。

いずれにしても、お金があるとコップ8分目のハッピー気分になれる、お金がないとコップ3分目しかハッピーになれない、というわけではなく、毎日を楽しく幸せに過ごせるかどうかは、結局のところ、その人の考え方次第ということです。つまり、幸せは自分の心が作るものである、ということを深く学ばせてもらっています。

孤独と向き合う

お年寄りのなかには、それまではずっと家族と過ごしてきたけれど、子どもが独立して、夫、もしくは妻に先立たれた途端に、人生初のひとり暮らしが始まる人がいます。そのような人は、とても孤独に弱いです。

ひとり暮らしでも友人知人が多く、毎日のように出かけていって誰かとワイワイ過ごしていたという人が、病気で入院。退院後は自由に外出ができない、となるとそこで孤独感にさいなまれるパターンもあります。

私が伺っているお宅の80代の男性、Cさんもその1人です。

奥様に先立たれてひとり暮らしになった当初は、たくさんいる友だちと飲みに行ったり旅行に出かけたり、カルチャー講座に参加するなど、仲間と楽しく忙しく過ごしていた人です。

体の具合が悪くなって、1人で外に出られなくなってから、状況が大きく変わりました。

友だちも同じような年齢ですから、体の不調や病気などで外に出られなくなっていきます。当然、家に遊びに来てはもらえません。いまではCさんの家には、息子さんが2、3ヶ月に一度来てくれるだけです。

そうなるとコンスタントに接するのは、週2回のヘルパーさんだけになってしまいます。高齢でひとり暮らしの場合は、こういうことも珍しいことではありません。

ですから、Cさんはヘルパーさんが来るのを毎回、心待ちにしています。

Cさんのサービス時間は1時間で、その間、いろいろな家事をしながらずっと2人でおしゃべりをします。

Cさんは明るく楽しくしゃべっているのですが、帰る時間の10分前くらいになると、次第に元気がなくなります。しょんぼり悲しそうな表情になり、「あー、また夜がくる……」と言うのです。

夜は昼に比べて孤独が身にしみるそうで、夜がくるとなんとも言えない、イヤ〜な暗い気持ちになるそうです。そして夜はとても長く、夜中にトイレに起きてしまうとそこからしばらく眠れなくなり、ホンマにつらいんや……と泣きそうな顔で説明していました。

「ワシ、いつまで生きんのやろな……」と言ったりもします。

孤独が寂しくて、悲しくつらいとなると、生きているのがつらい、という発想になってしまうみたいです。

散歩で外に出ることができれば寂しさも紛《まぎ》れると思うのですが、外出ができなくなると、気を紛らわす方法もかなり限られてしまいます。その分、孤独のつらさも増してしまうのです。

もちろん、ひとり暮らしのお年寄りが、皆さんCさんのように孤独におびえているわけではありません。

若い頃に1人でも楽しく過ごせる術を身につけている人や、独居生活が長い人、1人に慣れている人はまったく平気です。ヘルパーさんが家に来て帰る時も「あー、楽しかった。また来てね」と次を楽しみにしていて、「ヘルパーさんが帰ったあとの私は孤独だ」などと考えたりしません。孤独に弱くないのです。

高齢になってから、夜がくるたびに「寂しい、寂しい」と思いながら過ごすのはとてもしんどいだろうなと、Cさんを見ていて痛感します。

また、以前、働いていた介護施設では、「お友だちになってほしいの」と訴える入居者さんがいました。入居者の方は他にもたくさんいますし、施設のスタッフもいますから独居生活のような寂しさはないのですが、それでも「私、お友だちがいなくてとっても寂しいの」と言っていました。

それまで友だちがたくさんいた人の場合、友だちと呼べる相手がいない、というだけで悲しい気持ちになってしまうようです。

友だちがいないことは不幸なことではありませんが、その入居者さんは私の顔を見るたびに、「お友だちになってくださる？」と懇願していました。

いまは若くて体も動いて、友だちがたくさんいるという方も、家族に囲まれてワイワイ賑《にぎ》やかだという方も、遠い将来に備えて孤独だけは、早いうちに克服しておいたほうがいいと思います。

高齢者になってから、ただでさえ体がしんどいのに、そのうえさらに孤独も我慢する、孤独に慣れるというのは結構ハードです。

1人でいても別に悲しくない、楽しく過ごそうと思えば過ごせる、そういう強さは若いうちに学んでおいたほうがいいですよ、というのが、介護の現状を見ている私からのアドバイスです。

見方を変えれば悲劇も喜劇になる

利用者さんにDさんという、ひとり暮らしの80代女性がいます。Dさんは骨粗しょう症で腰が悪く、家のなかは歩行器を使用して歩いていますが、外出時は車イスを使っています。

近くに娘さんが住んでいて、この娘さんが仕事で大変忙しく、そのせいでイライラとDさんに当たり散らすことがあるものの、こまごまとお世話をしているので生活に不自由はありません。

そんなDさんとのおしゃべりから思わぬ学びがありましたので、そのことをお話したいと思います。

Dさん宅に伺ったのは1月2日でした。私の到着を待ちかねていたのでしょう、新年の挨拶もそこそこに、Dさんがすごい勢いでしゃべり始めました。

「ちょっと聞いてくれるかー、新年早々、大変やったんや！　昨日家に着いたん、夜の11時過ぎやで！　アンタ、ちょっとどう思う〜？」

と、おめでたいお正月からDさんは文句たらたらです。Dさんから聞いた、元日に起こったアクシデントの様子はこのようなものでした。

元日の朝、娘さんの提案で車で30分ほどの山のなかにある温泉に日帰りで行ったそうです。この日、朝はとても良いお天気で晴れていましたが、夕方から雪が降りました。

久しぶりのドライブをして、美味しい昼食を食べ、温泉にゆっくりつかっていると、雪が猛烈に降り始めたのだそうです。山のなかですから、その勢いは激しく、ヤバイヤバイ、はよ帰ろう、と慌てて温泉施設を出たと言います。

道はすでに積雪しており、少し走った山道の本当にど真ん中で、なんと車が止まってしまったというのです。娘さんは修理工場に片っ端から電話をしましたが、なんといってもその日は元日です。どこも閉まっています。

仕方なく警察に連絡して事情を話し、なんとか業者を手配してもらったそうですが、その場で修理はできず、結局、レッカー移動になったそうです。修理工場の人の車で駅まで送ってもらい、無事帰ってきた、ということでした。

ローカル電車は1時間に1本で、寒いし、腰は痛いしで、大変な目にあった、あー、しんど、あー、腰いた、もう二度と温泉には行かへん！　ということをプリプリしながら延々と話していました。

思いっきりグチリ尽くしてDさんが落ち着いた頃、

「車の故障は娘さんのせいじゃないのに、娘さんは悪いことをしたと思ったでしょうね～」

と言うと、

「んー、悪い思たんかな、えらい優しーてなぁ、お母ちゃん、寒ないか？　腰大丈夫か？　って気遣ってくれたがな」

と少しDさんの顔がほころびました。

「娘さんが優しかっただけでも良かったじゃないですか」

「まあ、悪い思たんちゃうか～？　せやけど、大丈夫かって言われても、寒いやろ？　待つのも長いし……」

お母ちゃん、悪かったなぁ、ごめんな、と心配する娘さんに、Dさんは突然こう言ったそうです。

「おしっこ……」

あっはっはー、と私はここで爆笑してしまいました。

娘さんは、えええーっ⁉　という顔をし、その後「……」と数秒間、黙っていたそうですが、その顔にはでかでかと「いま？　ここで？」と書いてあったそうです。

しかしDさんは高齢です。我慢を強《し》いることはできません。

「わかった、お母ちゃん、ここでしー」と、娘さんは車のドアを開け、ドアと車体と山の斜面、そして自分が立って壁を作り、そのすき間でさせてくれたそうです。雪はしんしんと降り続き、娘さんは傘をDさんにさして自分は濡《ぬ》れていたそうです。

「できた娘さんじゃないですか〜」

「それがな、寒いやろ？　長いこと我慢もしてたやろ？　これがなかなか止まらへんがな」

あっはっはー、と聞いてる私は大爆笑です。

「じょんじょんじょん、いつまでも出てなぁ、娘も雪で自分の頭が濡れるやろ？　まだ出るかぁ？　みたいな顔してたわ。何も言わへんかったけど」

ひひひー、お腹痛いです、と笑っていると、Dさんもこらえ切れなくなったのか、くっくっくと笑っています。

修理工場の人の車に乗る時も先にDさんが乗り、娘さんがトランクに車イスを載せていたら、なんとそのままブーッと発車したそうです。

「あ、娘が！　まだ！　乗ってへんよ」とDさんが言っても、警察の人と携帯で会話中のおじい（Dさんが名付けました）は、気づかずにかなりの距離を走ったそうです（ちなみに現在、運転中の携帯電話の使用は罰則が強化されています）。

「おじいやったから、耳も遠なってるやろ？　携帯の話が済んでから、は？　娘さんは？　乗ってませんやん、ってこうやで。だーかーらー、私、何回も娘が乗ってませんって言うたやろ、って話や！　おじい、あかんわ、人の話、聞いてへん」

「あっはっはー、私、そのおじい好きですけどね。でもDさん、すごい経験をしましたねぇ。一生、忘れませんねぇ」

「そうやなぁ」と言っているDさんの顔は微笑んでいます。

「来年のいま頃、またこの話をしてますよ、私たち。そんで、また大爆笑してるんちゃいます？」

「去年はえらい目におうたわー、ってやろ？」

と、Dさんも楽しそうに答えます。

「面白くて貴重な体験ですよね。こんな楽しい話、私だけじゃもったいないから、他の人にもしてあげてくださいね」

「ホンマ、貴重な体験やで」

Dさんは、最初は「しんどかった、つらかった」と腹立たしい雰囲気で文句を言っていた出来事を、いまでは笑い話としてしゃべっているのです。その時はつらく大変だったことも、過ぎてしまえば笑い話に変えることもできます。

過去のイヤな思い出をひとつでも多く笑い話に変換することができれば、人生のページに、いい思い出や楽しい思い出が増えるのではないでしょうか。

いいお手本の真似《まね》をする

本を読んだり映画やテレビを見ていると、「あ、この言葉いいな!」とか「この考え方は素晴らしい」「素敵な生き方だな」と感動するものに出合える瞬間があります。

それらは探せば見つかるというものではなく、見たり聞いたりした瞬間に魂が反応して、手に入れられるものだと思います。

同じように尊敬する人物が見つかることもありますが、その人の人生を丸ごと尊敬し、したことや言ったことをすべて覚えておくというのはなかなか難しいです。うまく心に焼きつけておきたいと思うものの、容易ではありません。

そこで私は、生き方のこの部分、ここの考え方など、素晴らしいと感じる部分を小分けにしてたくさん見つけ、心の引き出しに入れるようにしています。

それをたまに取り出して、自分の生き方を見つめ直し、この部分が自分にはちょっと足りないからこうしようとか、おお、そう言えばこういう考え方があったなとか、自分をより深める材料にしています。

また、すごいと感じた考え方や生き方は真似したいとも思います。そのようなお手本をたくさん見つけることは、人生を豊かにする秘訣と言ってもいいのではないでしょうか。

この〝いいお手本を見つける〟考え方とは逆で、たとえば意地悪をする人が周囲にいた場合、その人を反面教師にするといい、という考えを聞いたことがあります。

しかし、「あの人って意地悪だよね、私はそんなことはしないわよ」という気持ちには、なんだかちょっと良くないものが含まれているような気がするのです。

そして、その考えの場合、反面教師となる人のことを、時々でも見ておかなければいけないわけで……意地悪するシーンなんかも、教材として覚えておかなければなりません。

要するに、ネガティブなものをたくさん心のなかに置くことになります。

それよりも、素敵な人を見つけてお手本にするほうが前向きですし、気持ちもいいし、実行しやすいのではないかと思います。


利用者さんにEさんという90歳の女性がいて、このEさんも私がお手本にしたい考え方を持っている人の1人です。

Eさんのサービスは主にデイの送り迎えで、私がお宅に伺うのは夕方のお迎えがほとんどです。

「Eさん、お帰りなさい。今日のデイはいかがでした？」

と聞くと、Eさんはいつも笑顔で、

「ただいま〜。今日はね、すっごくいいことがあったのよ〜」

と、その日あった〝いいこと〟を教えてくれます。

「今日はね、おやつにドラ焼きが出たの〜。私、ドラ焼きが大好きなのね、だからうれしかったわ〜」

別の日の〝いいこと〟は、

「今日はね、カラオケを歌ったの。そしたらねー、隣に座ってた男性の方がね、『Eさん、こうやってマイクを持つと、もっと声を拾えるからこうしなさい』って教えてくれたの〜」でした。

〝いいこと〟は日によってまちまちですが、〝いいこと〟を話しているEさんはとてもうれしそうで、聞いている私まで幸せな気持ちに包まれます。

そしてここが素敵だなと思うのが、

「今日も〝いいこと〟があったでしょ？　だから今日も幸せな日だったわ〜」

という考え方です。

1個でも〝いいこと〟があったら、その日は幸せな良い日である、というのがEさんの人生哲学です。それは大きな出来事ではなく、おやつが美味しかったとか、デイのスタッフがお洋服を褒めてくれたとか、デイのゲームで1等賞だったとか、そういう小さな〝いいこと〟で十分、それが1個あればもう今日は素敵な日でした、神様、ありがとう、というものです。

Eさん方式でいくと、ほとんどの日が幸せな日となって、気づけば幸せな日だらけの人生になっているわけです。

私はこの話を聞いた時に「なんて素晴らしい考え方なのだろう！」と思いました。さっそくお手本にさせてもらおう、とやってみました。

すると、1日のなかには〝いいこと〟が意外とたくさんあることに気づきました。

朝の通勤電車が空《す》いていた、利用者さん宅で大笑いして楽しかった、お昼にケーキの差し入れがあった、自転車移動の日に予報がはずれて雨が降らなかった、気づくとスーパーのポイントが貯まってて得をした、うわぁ、なんて素敵ないい日なのかしら、今日は！　となります。

時にはネガティブな出来事に気を取られて、いいこと探しを忘れていることもあり、反省したりもしますが、このように身近に良いお手本の人がいると、うっかり忘れていても、会うたびに思い出すことができますから、真似したい部分をしっかり身につけていくことができます。

このように、この人のここの部分は素晴らしいと思えるところは、どんどんお手本として真似をするといいと思います。そこからまた別の発見があったりして、思わぬ良い方向に広がっていくこともあります。

ひとつでも多くのお手本を見つけるためには、本や映画、テレビ、旅、人との会話など、いろんなことに興味を持つことも大切かと思います。

特に高齢の方は、長い年月をかけて形成した独自の人生哲学をお持ちで、そこにはたくさんのお手本が詰まっており、そういった高齢者のお話を聞くこともお手本ゲットの近道だと思います。

言霊《ことだま》ー　口約束の重み

〝言霊〟という単語は皆さんご存じだと思います。

私も、「口から出した言葉には霊力が宿る、だから話す言葉には気をつけなければいけない」ということは、知識としてずいぶん前から知っていました。

私の場合、暗示にかかるような言葉は言うまい、と、常日頃気をつけているので、ネガティブな言動はあまりしないのですが、意外とネガティブな言葉を口にしている人が多く、それが〝言霊〟現象を起こしていることもよく見かけます。

たとえば、以前、勤めていた職場の同僚は、

「年取ったらダメね、あちこちガタがくるよね」

と、口癖のように言っていましたが、その言葉通り、いつもどこかしら調子

を悪くしていました。また、こういう例もあります。

「私、イケズ（意地悪）やねん」

と、冗談めかして自分のことを言っていた人がいましたが、本当にその人は意地悪な発言が多かったのです。こうした〝言霊〟現象を目にするたび、口から出す言葉は慎重に選ばなければいけない、と思ってきました。


この言霊でうっかりしやすいものに〝口約束〟というものがあります。

つい、その場のノリで軽く約束してしまい、本人は言ったことを忘れてしまったとしても、あとあとその口約束が現実になってしまうことは意外と多いです。


私には弟がいますが、私と弟は結婚をしたのが一緒の年でした。

弟は9月挙式で、私は12月だったのですが、挙式は先を越されても全然かまいません。ですが、私のほうが年上のため、出産は先を越されると猛烈に焦るだろうな～、と思いました。焦ってしまうとそのストレスで子どもができないのではないか、という不安もありました（実は私はかなりの小心者なのです）。

そこで弟が結婚する時に、私は弟に、「子どもは私が先でもいい？」と聞きました。

弟はのんびりした温厚な性格なので、深く考えず「いいよ。オレんとこはあとで」と言ってくれました。

私はその言葉を聞いて、「やったー。良かった、ありがとう！」と、ものすごくホッとしました。

結局、私はなかなか子宝に恵まれず、息子ができたのは結婚してから4年後のことでした。

軽い口約束だったにもかかわらず、約束は果たされて、弟のお嫁さんが出産したのは、私が息子を産んだあとのことでした。私が出産した直後に妊娠がわかったという、そこまで忠実に守らなくても……と思うくらいのタイミングでした。

ちなみに、弟のお嫁さんは第2子も出産していますので、私のように妊娠しにくいタイプではなく、やはり約束を守ったとしか思えないのです。

私自身が軽い気持ちで口約束をしてしまったことが現実になったこともあります。韓流ドラマ『冬のソナタ』が流行《はや》っていた頃ですから、ずいぶん前のことです。

私は海外旅行に行く時はたいてい1人で出かけますが、友だちのF子はファミレスも1人では入れないタイプです。

そのF子は『冬ソナ』の大ファンで、いつか韓国に行きたいと言っていました。そして、初海外旅行は海外に慣れた人と行きたいということで、「その時は、一緒に行ってくれる?」と聞かれました。

当時、そんな計画は一切なく、本人も子どもの学費を稼がないといけないから子どもが卒業するまでは海外旅行なんて無理と言っていたし、〝いつの日か〟の夢の話なので、私は軽く「うん。いいよー。行く時はいつでも言って」と口約束をしました。

それから少しして、F子は急に「私、韓国に行くねん！　もう決めた」と言い出しました。

実は、私は『冬ソナ』を一度も見たことがありませんでしたし、その時はアジアの地域に興味がありませんでしたから、「え？　本気で行くの？」とちょっと困った気持ちになりました。

しかし、約束をしてしまった手前、いまさら「ごめ～ん」とも言えません。結局、F子と2人で韓国に行ってきました。それはそれで楽しかったし、笑える話もたくさんあるからいいのですが、費用が高額な南米などでなくて良かった、としみじみ思いました。

このように、「どうせ実現するはずないから」「ただの口約束だから」という軽い気持ちで約束をするのはやめておいたほうがいいです。

もっと深刻な実例もあるのですが、とにかく、口約束に相手の思いが加わると、言霊はより威力を発揮するように思います。

つまり、口約束を相手が信じて、安心し、「うれしい！　良かった！　ありがとう!」と思うと、その口約束は宇宙の法則に組み込まれ、自動的にスイッチオンになる、というシステムのような気がします。

できないことは、たとえ仮の話であってもOKしないほうがいいです。

言霊Ⅱ　ネガティブな言葉の魔力

言霊で気をつけなければならないのは、どうやら自分が発する言葉だけではなさそうです。他人から言われるネガティブな言葉にも気をつける必要がある、と私は思っています。

でも、たいていの場合、相手は悪気なくその言葉を口にしています。というよりも、自分がネガティブな言葉を放っていることに気がついていません。だからその分、ちょっとやっかいです。

事の発端はポットのお湯でした。

当時、働いていた介護施設の休憩室には、ポットが1台置いてありました。先に休憩したグループの何人かがカップ麺を食べると、ポットのお湯はほとんどなくなります。前半グループの誰かが水を足しておかなければ、あとから休憩する人全員分のお湯はない、という状態になってしまいます。後半の休憩で私がお湯を使おうとした時に、ポットのお湯が切れていることがよくありました。

後半でもさっさと先に使えばお湯はありますが、そんなポット事情がわかっていますから、我先にとお湯を使うことに抵抗がありました。遠慮していると、空っぽのポットに遭遇する場面が多くなるわけです。

その日もポットからはお湯が出てきませんでした。そこでポットに水を入れ、沸くのをじっと待っていたら、「識子さんて、ホンマ、〝貧乏くじ〟引くよね～」と言われたのです。

「び、貧乏くじ？」

ひゃ～、久々に聞いたわ、その単語、と思いました。なんてインパクトのある言葉なんだろう……逆の意味で……とも思いました。

「なんかさぁ、識子さんって、貧乏くじ引くイメージなんだよね～、人がいいから」と同僚は褒めているつもりなので、悪気はまったくありません。

私も全然、気にしていませんでしたが、頭のなかではしばらくの間「貧乏くじ！」と、なぜかビックリマークつきで、この言葉がグルグル回っていました。それからです。私が貧乏くじのスパイラルに巻き込まれたのは。

何日かあとのことです。

その日、廊下を歩いていると、入居者さんを乗せた車イスを押している同僚が正面から歩いてきました。そのすれ違いざまに入居者さんが私に自分のメガネを差し出してきたのです。

私は思わず手に取り、何気なく見てみると、メガネの片方の柄が、根元からポッキリと折れていました。

結局、そのメガネの事故報告書は、うっかり受け取って、最初に壊れたメガネにさわった私が書くことになりました。本来なら車イスを押している同僚の仕事だったのです。

事故報告書には、事故はどの場所で、何時何分に発生したのか、誰に関しての出来事か、その人の介護度、生年月日など、事細かく丁寧に詳しく書く必要があります。さらに、発生状況の絵も描かなければなりません。

正直言って、非常に面倒くさい書類です。記入するのに時間がかかるため、勤務が終わってもすぐには帰れません。

入居者さんの横を通っただけで、この報告書を書くハメになり、入居者さんには「このメガネ、壊れていますね～。修理に出しておきますね」と笑顔で言いつつ、心ではツイてないなー、と思いました。

車イスを押していた同僚が、「ホンマやったら、事故報、私が書くところやったのに、識子さんが横を通ったおかげで助かったわぁ～」と言いました。そして「識子さん、貧乏くじ、引くよねぇ～」とつけ加えました。

きゃ～！　またその言葉を言う？　やばい、今度は貧乏くじが頭のなかでグルグルしないようにしなければ！　この言葉にはなんか魔力がありそうだし！と思っていたら、次の出来事が起こりました。

その日、私は認知症の女性入居者さんのトイレ介助をしていました。

入居者さんがズボンと下着を下ろしてトイレに座ろうとした時、その横に立っていた私は、突然、ガツーン！　というものすごい音を聞きました。と同時に、脳天が割れるようなすごい衝撃を受けたのです。

なんと、天井に設置していた大きな突っ張り棒が私の頭を直撃したのです。入居者さんに当たらなくて良かった、当たったのが私で良かった、とそこはホッとしました。

でも、その洗面所の突っ張り棒の真下、さらに、棒が落下する、ちょうどその時間にそこに居合わせるなんて、一体どれくらいの確率なのでしょうか。たまたま居合わせた、とは言えないほど低い確率だと思います。

しかも、また、あの七面倒くさい事故報告書を書かなければなりません。

「識子さん、また貧乏くじ引いたんやてー？　大丈夫？　ホンマ、ツイてないなぁ～」と同僚がこの話を聞いて同情してくれました。

心配してくれて悪気はまったくないのですが、言葉がネガティブです。この言葉を受け入れたら、また貧乏くじを引きそうな気がしました。

こうも被害をこうむると、言霊の力を無視するわけにはいきません。〝貧乏くじ〟は、まるで呪文のようなパワーを持っています。

とりあえず解決策としては、この言葉を否定することだと思いました。

1人になった時に、

「私はそんな、まがまがしいくじは引きません！」

「私が引くのは当たりくじだけです」

「私は絶対にツイています！」

と、口に出して言い、同僚が言った言葉を打ち消しました。

それ以来、事件は起こりませんでしたし、不思議とポットのお湯が私のところで切れていることもなくなりました。

そうなると同僚も貧乏くじという単語は使わなくなり、負の連鎖から抜けることができたのです。

もしも、誰かにネガティブな言葉をかけられたら、この方法を試してみるといいです。ネガティブな言葉を打ち消すフレーズを声に出して言うのです。

それは転ばぬ先の杖となって、きっと災難を防いでくれると思います。

私が日々、心がけていること――霊格を上げる――

第一章でも触れましたが、人がこの世に生まれてくる時に、達成しようと計画するもののひとつに〝霊格を上げる〟ということがあります。

人間はこの世という、あちらの世界では体験できないことがたくさんあるところで、いろんな感動を味わったり、さまざまな人生勉強をし、霊格を上げ、輪廻転生《てんしょう》を繰り返しながら、神々《こうごう》しい魂へと霊格をレベルアップさせていくことを目指しているわけです。

そして、その大事な霊格を下げないために人に備わっているのが〝良心〟です。つまり、良心とは、言ってみれば霊格を保つための警告機というわけです。

たとえば、何か悲惨な事件をニュースで見ると、悲しい気持ちになると思います。でもそれは、こういうニュースを見たら悲しい気持ちになりましょうね、と教えられたことではありません。みんなが自然とそう思う、それも悲しくなろうと意図してなるのではなく、気づくと心がすでに〝悲しくなっている〟のです。

ということは、これは心、魂に組み込まれた感覚であり、絶対神が与えてくれたものです。それと同じで、自然と湧きあがってくる「これはやっちゃダメだよね？」という良心の感覚も絶対神によって与えられたものです。

誰も歩いていない道路で空き缶を捨てたとします。すると、この警告機の赤ランプがピカッと点灯します。

「こんなところに空き缶を捨てたら、誰かがこれを拾うわけで……その人に迷惑をかけるのだな」と思います。良心がＮＧだと言っているのです。でも、ま、いっか、とこれを無視すると霊格が下がります。

そのまま道を歩いていたら、おばあさんがスーパーのレジ袋を道に落としていて、レジ袋から飛び出した豆腐だのみかんだのを拾っています。腰が痛いのか拾う作業がしんどそうです。

「手伝ってあげなきゃ」と思います。でも、なんだか照れくさいし、善人ぶっていると思われそうだし、拾うものはあとちょっとでおしまいだし、ま、いっか、と素通りします。警告機の赤ランプはこうこうと点灯しています。

このように赤ランプを無視するたびに、霊格がちょっぴり下がっていきます。そういう時は、絶対神によって矯正が行われます。

たとえば、人を批判すれば、人から批判されるような状況が必ずきます。それによって、「人を批判するのは良くないことだからやめよう」と、本人に気づきを促すわけです。

場合によっては、試練のような出来事を与えられて人生の軌道修正が行われることもあります。第一章でも触れましたが、病気や経済面での苦境など、なんらかのアクシデントによって自分の間違いに気づくように仕向けられることもあるのです。

ですから、〝日々、自分の良心に従って生きる〟ということが大切なのですが、知っておかなければいけないのは、この〝良心〟は、人によって赤ランプの点灯するポイントが異なる、ということです。

嘘をつく、悪口を言う、人を妬《ねた》む、人を見下す、人を羨《うらや》む、意地悪をする……などは、誰にとっても良心に背《そむ》く行為と言えます。

でも、たとえばレストランで食事を終えたあと、テーブルを散らかしたまま帰ったり、壊れた傘を捨てるのが面倒くさいからとコンビニの傘入れに置いたまま立ち去るのはどうでしょうか？

どちらも「それって、しちゃいけないよね」と思うなら、その人にとってはどちらも良心に背く行為と言えます。

でも、「レストランのほうは普通でしょ。ウエイトレスはテーブルを片づけるのが仕事だし」と思うのなら、その人にとっては良心に背く行為ではない、ということになります。

ですから、自分の良心はどういうところで痛むのか、どういうところで罪悪感を持つのか、といったことを注意深く意識することが大切なのです。

実は、霊格が上がっていくと警告機のレベルも上がっていきます。良心のジャッジが厳しくなるのです。

ここで大事なのは、自分にとって良心が痛む行為を人が平気でした場合、批判をしてはいけない、ということです。

たとえ心のなかだけでも「平気であんなことをするなんて、この人きっと霊格が低いんだわ」などと人を見下したり、「私はしないけどね」などと優越感を抱くのもよくありません。こういう感情を持ってしまうと、霊格が一気にドーンと下がってしまいます。

あくまでも〝自分の良心〟に従うことがポイントで、自分のことだけでいいのです。他人の良心のことまで考えないようにします。

また、悪口を言うのは霊格を下げる行為とわきまえて、自分ではできるだけ言わないように工夫したほうがいいです。

しかし、自分では言わないように気をつけていても、人から聞かされる状況というのは誰にでも必ずあると思います。この場合も、悪口を言う人を「悪口なんか言って、ダメじゃない」と偉そうに非難すると、霊格が下がってしまうので気をつけたほうがいいです。

悪口を言ってくる人も、何か気にさわることをされてつらかったはずですし、自分ではどうにも処理できないそのストレスをなんとかしたくて悪口を言ってくるわけですから、「人の悪口は聞きたくないんだけど」と突き放してしまうのもかわいそうです。でも、かといって一緒になって悪口は言えません。

こういう時は、「へぇ〜。そんなことあったの？　知らなかった〜」という感じで、「へぇ〜」「そうなんや〜」「ふーん」と、〝肯定も否定もせず〟に、聞き流すようにするのがいちばんの方法だと思います。私はいつもそうしています。

相手の言うことに、たとえ肯定はしなくても、言いたいことには耳を傾けているので、相手は「しっかり聞いてくれる」と思ってくれます。

日々、良心に従って霊格を上げていくと波動もだんだん上がっていきますから、悪い霊がよりつかなくなりますし、何より、神仏とつながりやすくなっていきます。

ですから、「これはちょっと……」と少しでも良心が疼《うず》くようなら、そういうことは避け、日頃からポジティブな言動をしたり、感謝したり、感動を味わったり、神社仏閣に行くなど、波動を上げることを心がけるといいと思います。

第六章

神仏とのつき合い方

神社参拝の基本マナー

――識子流・神社参拝の作法と心得――

神社参拝の作法はいろいろな本に書いてあります。ここでは、〝私の〟基本マナー、願いを叶えてもらいやすい参拝方法を紹介したいと思います。

神様は大きく分けると、平野部の神様と山岳系の神様に分かれます。

山岳系の神様という言い方は私なりの表現ですが、高い山にいる神様で、平野部の神様とは成り立ちが違うというか、種類が違います。この神様がいる神社は山の中腹やふもとにあったり、山頂に奥宮があったりします。

まず、神社の神域に一歩入ったら（平野部の神社は最初の鳥居をくぐったら、山岳系神様なら山を登り始めたら、そこはもう神域です）自己紹介をし、なぜここに来たのかとか、叶えてほしいお願いの内容などを詳しく具体的に話します。声に出さず、心のなかで話しかけてもＯＫです。

自分はどこから来た誰なのか住所と名前を言います。また、普段よくお参りしている神社があるなら、そこの神様にお世話になっていますと、神社の名前も告げるといいです。

参道は真ん中を歩かず、友だちと一緒の場合でもなるべくおしゃべりをしないで静かに進みます。参道ではお願い事の詳しい説明をしながら、ありがたい神域の高波動をいただきます。

手水舎《てみずや》で手と口を清めて本殿前に立ったら、お賽銭《さいせん》は放り投げずに、滑り込ませるようにそっと静かに入れます。

鈴は鳴らさなくても鳴らしてもいいのですが、力任せにガラガラガラッともすごく大きな音で鳴らすのはおすすめしません。ちなみに私は、鈴は鳴らさないことが多いです。

そのあと、一般的には「二礼二拍手一礼」ですが、私は「二拍手、祈念、二拍手、一礼」をしています。これはあくまでも私方式ですので、もちろん「二礼二拍手一礼」でもいいです。祈念の時には神様に感謝しながら、もう一度、丁寧にお願いをします（自己紹介はすでに済んでいますので、ここではしません）。

これで本殿でのご挨拶、祈念は終わりですが、お参りが終わったからとすぐには帰らず、しばらくは境内をブラブラして、ご神気をたっぷり浴びます。神様の高波動で自分の波動を上げてもらいます。

帰る時は鳥居までの参道を静かに歩きながら「今日はお参りさせてもらってうれしかったです。ありがとうございました」と、神様に話しかけます。

また来る予定があるなら、それも伝えておきます。

ただ、神様との約束は絶対に守らなければいけませんので、また来ますといったら必ず行かなければなりません。特にお稲荷《いなり》さん系の神社は約束厳守です。

お願い事を叶えていただいた時には、後日、お礼に行きます。お酒を奉納するのもいいですし、手ぶらでもかまいません。

参拝には行っても、わざわざお礼に行く人は少ないので、お礼を言いに行くだけでも神様はとても喜んでくださいます。

神社のタブー

まず、神社参拝の時間についてですが、夕方の参拝は避けたほうがいいです。

特に山岳系は12時までに山頂に登ることをおすすめします。遅くても、14時半くらいまでには参拝し終えて下山を始めているのがいいと思います。15時になると山の「気」が変わってきますので、私は夕方は登山をしていません。

また、神社の神様は穢《けが》れである〝血〟と〝死〟が苦手です。この穢れは、汚れているとか汚いという意味ではありません。神様が苦手とすることなのでタブーなのです。

まず〝血〟ですが、神社に行く直前にケガをして、血をだらだら流しながら参拝に行く、ということはないと思いますが、生理中の女性は注意が必要となります。生理中に神社に手を合わせるのは、神様に対してちょっぴり失礼に当たるからです。ですから、女性はそういう日は残念ですが、神社に行くのは遠慮したほうがいいです。

平野部の神社は境内に入るくらいなら許してもらえるかもしれませんが、平野部でも神格の高い神社の場合は、鳥居をくぐるのもダメだったりします。力の強い山岳系の神社は、山に登ることもしないほうがいいです。

また、生理中に神社に行っても神様は怒ったりしませんが、そこに厳しい眷《けん》属《ぞく》（簡単に言うと神様の子分です。自然霊であるヘビやキツネ、天狗、龍などの神獣のことを言います）がいる場合は、眷属が参拝させないようにすることもあります。

これは、私の身内の話です。

従妹が16歳の時、私の母と叔母と4人で故郷の山岳系神様の山に登ろうとしたことがあります。

従妹は生理中でしたが、祖父母が信仰し、子どもの頃から登っているご縁のある神様ですし、しかもまだ子どもだから「大丈夫だろう」と母も叔母も軽く考えていました。

しかし、従妹は登山口の鳥居の手前で思いっきり転倒し、手がすりむけて血が出るくらいの大きな代償を払わされました。

容赦ない仕打ちは眷属がやったのですが、生理中の参拝はそれほど失礼なことであり、ルール違反になるのです。

〝死〟については、身内に不幸があった場合は、一定の期間、神社に行くのは見合わせたほうがいいです。

親、配偶者、子どもなどの場合は、四十九日間、それ以外の親族の場合は三十三日間、参拝は遠慮します（この日数は宗教によって違います）。

生理中と忌中《きちゅう》は神社に行かない、というのは最低限の礼儀として覚えておいたほうがいいと思います。

氏神《うじがみ》や産土神《うぶすながみ》は怖い？

ブログの読者の方から、氏神様に関する質問が時々届きます。

「神社に行くのは好きですが、氏神様には参拝したくない気持ちが起こります。無理してでも氏神様には参拝しないといけないのでしょうか？」

「氏神様にはお参りしないといけないと聞きました。でも、氏神様の境内がなんとなく怖いのです。行かなかったらバチが当たりますか？」

「いままで氏神様には行ったことがありませんが、先日、霊能者に、氏神様が怒っている。いちばん守ってくれるのは氏神様だからすぐにお参りに行くように、と言われました。これは本当ですか？」

他にもいろんな質問をいただいています。

氏神様というのは、その地域を守る神様です。昔は藤原氏や物部氏《もののべ》といった氏族を守る神様だったのが、時を経て地域一帯を守る神様になったようです。

結論から言うと、その地域に住んでいるからといって、必ず参拝しなければいけない、というわけではありません。

行けばご加護がもらえるだろうとは思いますが、行かないからといって失礼になるわけではないですし、神様が怒ったりすることもありません。

私を守ってくれている生まれ故郷の山岳系の神様は、その土地の氏神様ではありません。もともと私には氏神様に参拝するという習慣がないどころか、大人になるまでその存在さえ知りませんでした。

祖父母も同じ地域に住んでいましたが、氏神様に参拝したことはありませんし、両親も同じです。

父の転勤であちこち引っ越した先の氏神様にもお参りしたことはないです。

だからといって、氏神様に怒られたことはないですし、もちろんさわりなども一切、ありません。

氏神様のことを知ったのは、２回目の結婚をしていた時です。そういう神様がいるのか〜と、その時住んでいた地域の氏神様に参拝に行ってみましたが、なんとなく自分とは合わないと思いました。

その頃はまだ神仏の声がしっかりと聞こえていませんでしたから、感覚だけですが、行ってもワクワクしないし、どよーんとした重たい気分になるので、何回か行ったあと、参拝するのはやめました。

氏神様といえども、波長が合わないこともあるのだな、とその時に知ったのです。

その後、離婚をし、いまの地域に引っ越してから、この地域の氏神様に期待をせずにふらっと訪ねたところ、ここの氏神様とは波長が合うことがわかりました。

ですので、いまはこの神社に時々行っていますが、氏神様だから行くのではなく、波長が合って好きな神様だから行く、という感じです。

ブログや本でこれまでたびたびお伝えしてきましたが、大好きだと思える神様、波長が合う相性の良い神様にお参りするのがいちばんです。

自分が好きだと感じる神様は、神様のほうも好意を持ってくださっているので、ご加護をもらいやすいのです。


また、産土神についてのメッセージをいただいたこともあります。

そのメッセージには、こう書いてありました。

「マイ産土神が運気を高めてくれるというのは本当ですか？」

産土神というのは、氏神様がその土地で生まれ育った者を守護するという意味で、氏神様を視点を変えて表した言葉です。

つまり、その地域で生まれた人は氏神様とは言わず、その神様を産土神と言うわけです。

ご縁をいただいていればしっかり守ってくださるでしょうが、運気が上がるかどうかの部分はお答えするのが難しいです。

私の生まれ故郷の氏神様＝私の産土神に参拝に行って運気が上がるかという

と……それはないかなと思います。

でも、通っているとご加護がもらえるようになるでしょうから（その神様と波長が合わない場合は別です）、それによってお願いも聞いてもらいやすくなり、結果的に運が良くなったという解釈はできるかと思います。

でも、これは産土神や氏神様に限ったことではなく、どこの神社でも同じです。ですので、氏神様と波長が合わないと感じた方は、無理して参拝しなくてもいいのです。

自分と合う神社、自分が大好きだと思う神様にお参りするのがいちばんです。

お守りの役目

「あちこちの神社のお守りをいっぱい持っていると、神様同士がケンカするから良くないと聞きました。これは、本当ですか？」

ブログを読んでくださっている方々からは、時々、お守りについての質問もいただきます。

まず最初にお伝えしたいのは、お守りのなかに神様が入っているわけではありません。そして、超高級霊の神様はケンカなどしないです。

では、お守りとは一体、なんなのでしょうか。

実は、お守りとは神様がその人のところへ行くための目印です。

神様にご縁をいただいている場合（※詳細は後述します）、神様はその人がどこにいるのかわかりますので、何か緊急で困った時に「助けてください！」とお願いすれば、神様は一瞬で来てくれます。

でも、ご縁をいただけていない場合は、目印を持っていないと神様はその人がどこにいるのかわかりません。また、緊急時の声も届きません。

いわば、お守りは緊急時の小型通信機みたいなものなのです。

何か緊急で困ったことが起こった時に、「神様、助けて！」とお守りを握って強く念じると、神様はお守りを目印に飛んできてくれます。

緊急時とは、たとえば女性が深夜遅く歩いていて変な男がついてきたとか、山歩きをしていて道に迷ってしまい、どうしようもなくなった時とか、お金やカードをたくさん入れていた財布をうっかり落としてしまったとか、そういう場合です。

そんな時の「神様、助けて！」の声は、強力な念力を発します。ですから、その時にお守りを通してピンポイントで神様に助けを請《こ》うのです。

ここまで読んで、「あれ？　お守りって結界みたいな感じで、悪いものから守ってくれるんじゃないの？」と思われた方もいらっしゃるかと思います。

残念ながら、お守りには結界を張ってくれるほどの強いパワーはありません。お守りは、神前で事前に祈禱されていますので、その神社の波動をまとっています。でも、そこまで強くないのです。

微弱ですが、もちろん人を守る力はあります。でも、悪霊を祓《はら》うとか、結界を張って寄せつけないとか、そこまでの強力なパワーはない、ということです。

普段の扱いについては、カバンにつけてもいいですし、部屋に置いていてもいいです。時々手に取って神社の「気」や波動を感じたりする練習にも使えます。

知っておいたほうがいいのは、お守りはこの「気」や波動を半永久的に放つわけではなく、効力は徐々に失《う》せていってしまうということです。

ですから、お守りに効力を期待するのであれば、半年か、最低でも1年経ったら取り替えたほうがいいです。その際、ゴミとして捨ててはいけません。いくら塩を振って清めたとしても、ゴミとして捨てるのは良くないのです。

大きな神社に行くと古札納所という、古いおふだやお守りを納める場所がありますので、そこに持っていきます。

年末年始なら、どこの神社でも設けてありますので、大きな神社が近くになければ、年末年始まで待ってもいいと思います。半年を過ぎても、効力がなくなるだけで別に悪いものに変化するわけではありませんから、半年経ってしまったからといって慌てて処分しなくても大丈夫です。

「納めに行くのは、お守りをいただいた神社でなくてもいいの?」と悩む方もおられるかと思いますが、どこの神社に返しても差し支えありません。

人からいただいたお守りでも、頼んで買ってきてもらったお守りでも、お守りとしての効果は自分が買ったお守りと変わりません。お守り自体がそういう性質のものだからです。

ただし、必要以上にお守りをたくさん〝一緒に〟持つのはおすすめできません。お守り同士がケンカする、ということはありませんが、波動がゴチャゴチャになるからです。

これは、実際に試してみました。

1個だけ持つとその神社の波動を感じられるのですが、いっぺんに3個ほど持ってみたところ、3個の波動がいっしょくたになってしまい、混線状態のような感じを受けました。

混線状態のなかから1個を握って、「神様、助けてください！」と念を飛ばして、それがしっかり届くかどうか。これはちょっと微妙だな、と思いました。半年近く経っていて、そのお守りの効力が薄れているのであれば、なおさらです。

ですので、おすすめは〝自分が合うと思う神社、もしくは、好きな神社、力が強いと思われる神社のお守りを1個だけ持つ〟ことです。

いくつかお守りを持っているのであれば、その日の自分の直感で1個だけ選び、それを身につけるといいです。

また、先ほど〝お守りの波動は弱い〟と書きましたが、これを強める方法がありますので、最後にそれをお伝えしたいと思います。

神社に行ったら、参拝する前にまずお守りを買い、そのお守りを持って本殿にいきます。

どのようなお守りを買えばいいのかというと、これは自分の直感が選んだものを迷わず買います。

社務所にはずら～っと、いろんな種類のお守りが置いてあります。そこへ行って、サーッとひと通り見渡して、「これだ！」と思ったものを買います。

合格祈願のお願いをしに行ったとして、直感が選んだお守りには〝安産〟と書いてある……え？　これはどうなの？　と思うかもしれませんが、表面に書いてある文字は関係ありません。〝安産〟だろうが〝交通安全〟だろうが、自分がコレ！　と思ったお守りがいちばんいいのでそれを買います。

そのお守りが包装されていたら、包装している袋から出して、神前で「このお守りに強い波動を入れてください」とお願いします。心の底から本気でお願いすると、必ず強めてくださいます。

お守りは本殿の階段に置いてお願いをするといいのですが、置けない神社もあると思います。そういう場合、お守りの紐の部分を片方の手首や指に引っかけて、それで合掌するといいです。

もしも自宅の近くに墓地があって、最近ちょっと体調が悪いといったような場合は、「墓地の良くないものから守るような波動を入れてください」と、具体的にお願いします。

また、山岳系の神様であれば、本殿とは別に、その山の中腹、もしくは頂上に小さなお社《やしろ》の奥宮があったりします。

そのような神社は下の本殿ではなく、できれば上の奥宮まで行って神様にお願いしたほうがより強い波動がいただけます。

この場合は、本殿近くの社務所でお守りを買い、それを持って上の奥宮に行く、という順序になります。

※神様にご縁をいただく……最初にお断りしておきますが、ご縁をいただけるかどうかは、あくまでも神様の心証次第です。ですので、明確なルールみたいなものはありません。その神社に定期的に参拝に行ったり、たとえ1回しか参拝していなくても、丁寧にご挨拶をしていればいただけるように思います。また、「あー、この神社好きだなぁ」と思ったり、境内から受ける印象がポジティブなものであれば、ご縁をいただけている可能性は高いです。

一度ご縁をくださった神様は、一生、その人を守ってくれます。

願掛けが叶わない理由

神社に行って、一度にたくさんの願掛けをする人がいますが、お願い事はひとつにしたほうが叶いやすいです。

ほとんどの方が謙虚にたったひとつのお願いだけをして帰る参拝客のなかで、「私には、あの願いもこの願いも叶えてくださいね」という欲張りな人間性を出すのは、あまり良いこととは思えません。

ですから、お願い事がたくさんあったとしても、どれかひとつに絞ってお願いします。叶えたい他のお願いは、別の神社で願掛けをすればいいのです。

つまり、ひとつの神社でお願いするのはひとつだけにする、ということです。

ブログ読者の方から「お願い事が叶ってお礼参りに行った時に、また新たにお願い事をするのは失礼ですか？」という質問が来たことがありますが、その神様の力を信じているからこそ、もう1回お願いするわけですから、失礼には当たりません。まったく問題ないです。

その一方で、神様が叶えてくださらないお願い事というものもあります。

それはギャンブルに関するお願いです。たとえば、「宝くじが当たりますように」とか「今度の日本ダービーで万馬券が当たりますように」というお願いは叶えてくれない、ということです。神様は賭け事がお嫌いだからです。

また、お願いの仕方が中途半端な場合も叶いにくいです。

これは、多くの人がしがちな願掛けと言えますが、お願い事に関しては絶対、具体的に言うほうが叶えてもらいやすいのです。

たとえば、「商売がうまくいきますように」とか「いい人と結婚できますように」とお願いする人がいますが、これでは叶いにくい、ということです。

そのお願いの仕方では、その人にとって〝商売がうまくいくとはどういう状態か〟〝いい人とはどんな人か〟ということが神様には伝わりません。

つまり、「うまくいくというのはどういう状態か、いい人とはどんな人かは神様のほうで調べてくださいね。そして、私が喜ぶようにちゃんと願いを叶えてくださいね」と言っているようなものなのです。

ですから、こういうお願いの仕方はやめたほうがいいです。

逆に言えば、願い事を叶えるコツは、お願いしたい内容を〝詳しく具体的に説明する〟ということになります。

たとえば、自分はどんな商売をしていて、何に困っているのか、自分にとって商売がうまくいくとはどういうことか、そのためにどんな努力をしているか、どれだけの収入を目指したいのか……など、この願いはこういう理由で叶えてもらいたいのです、ということを、正直に詳しく説明します。

私は、複雑なお願いをする時は長い時で30分近く、普通でも15分くらいはこの説明を一生懸命にしています。

もしも、これらをきちんと守っているのに願いが叶わなかった、という場合は、まだその時期ではなかった、ということが考えられます。

願いがその人の人生の目的に反するものだとか、叶うとその人の人生の計画が狂ってしまうとか、カルマの関係上、叶えられない願いだった……といった理由もあります。

これとは別に、その願いを叶えてしまうと、その人が将来不幸になる、と神様が判断した場合も、願いが叶わないことがあります。

たとえば、大学受験の合格祈願をしたのに、第1志望の大学は落ちてしまい、すべり止めだった第2志望の大学に行くことになった場合、「わざわざ神社に行って祈願したのに受からなかった。第1志望に行きたかったのに!」と落ち込み、神様に見放されたように感じる人がいるかもしれません。

でも実は、神様はもっと先のことを見て判断しているのです。

第1志望の大学に行くと人間関係で悩むことになるけれど、第2志望の大学に行けば生涯の友人ができるとか、先々、就職に有利になるなど、将来を見据えて判断しているというわけです。こういう場合、神様はあえて第1志望の大学を落とします。

これは、結婚祈願の場合も同じです。

たとえば、ある女性が、「Gさんとの恋が実って、将来、結婚できますように！」と真剣にお願いして、それが叶わなかったとします。

この場合、Gさんには生まれる前に結婚を約束したソウルメイトがいて、その相手と1、2年後に出会って、やがて結婚する……という未来が神様には見えているのかもしれません。

そうだとしたら、この恋愛がうまくいってしまうと、結局、女性は近い将来ふられるわけです。深く傷つくことになります。この願掛けを叶えると不幸な未来が待っている……そう神様が判断すると、この女性を大事に思うがゆえに、その願いは叶いません。

もしかしたら、Gさんは表面的には優しくても、実は心根が良くない男性で、結婚するとDVが始まるのかもしれません。そのように、幸せにはなれないと神様が判断した場合も、願いを叶えてくれません。

こういったお願いをした場合、神様はGさんを見に行きます。どんな人なのかをちゃんと見て判断してくれるのです。

神様は、神社の奥にじーっと座っていて動かないと考えている人が多いと思いますが、実はそうではありません。一瞬で行ったり来たりすることができる、大変、フットワークが軽い存在なのです。

願い事が叶わない場合も、そこにはそれ相応の理由がある、ということがおわかりいただけたと思います。

もちろん、どんな願掛けも一生懸命に努力をして、それから神頼みという順番ですが、その人の努力も神様はしっかり見てくれています。

神様を信じて心の底からお願いしますと伝えれば、神様は見捨てることはありません。行けば行くほど、神様はその人をかわいく思ってしっかり守ってくれます。

ですから、一度や二度、お願いが叶わなかったからと「もう神社には行かない」というのは、実は神様は守ってくれたのかもしれないのに、それを捨ててしまうというわけで……もったいないことなのです。

金運をいただくコツ

願掛けを叶えるコツは、どうしてそのお願いを叶えてほしいのか、どのようになりたいのかなど、願掛けをする理由や現状や希望を丁寧に詳しく具体的に説明することにある、と書きましたが、祈願によっては自分でも準備しておく必要があるものがあります。

それが、金運に関する願掛けです。

金運は願を掛ける人によって、「お金が手に入りますように」という同じ言葉でも、微妙に内容が違います。

商売をしていたり、新規事業を立ち上げる、自由業や歩合制の仕事など、自分の頑張り次第で収入を上げられる仕事に就いている人は、お金はその成果となって入ってきます。

つまり、仕事がうまく回れば金運に恵まれるわけですから、神様も願いを叶えてくれる時は、ここにお金を持ってきてくれます。

この場合は、他のお願い事と同じように、願掛けの理由などを詳しく説明し、さらに、目標金額をはっきりと数字で言うことがコツになります。

つまり、「今月の売上げ高が、先月よりも上がりますように」と言うのではなく、「今月は売上げ300万円を達成させてください」と言うほうが叶えてもらいやすいということです。

では、そういった職業ではない方はどうでしょう。

会社勤めやパート勤務など固定給の人は、急に月給が10万円上がったり、臨時ボーナスが何百万円も支給されたりはしないと思います。主婦、学生、年金で生活されている人もそうですね。金運をお願いしても、大金が入ってくる道(方法)がないわけです。

となると、神様が大きなお金を持ってきてくれるように、道だけは作っておいたほうがいいということになります。

たとえば、いまの時代はお料理が上手な人、お掃除が上手な人など、昨日までは一般人でもいきなりネットで有名になったりします。そういう道もありますし、手芸が上手だったら作品を作って売る、それが口コミで売れてお店を持つ、という道もあります。歌が上手なら、いまは動画サイトがありますから、そこで歌ってみるという道もあります。

「でも、私はそういう特技も趣味もないし、時間もないんです」という方は、私が作っている道をご提案します。

私はミニロトを銀行のATMで買っています。これだと週に200円で、1ヶ月800円の出費で済みます。金額が大きいほうがいい人は違う種類のものがありますが、懐《ふところ》が痛まない範囲で定期的に買うのがコツです。

身近な人で、定期的に買っていながら、その日たまたま買い忘れたために、ロト6の1億円を逃した人を2人知っているので、コンスタントに買い続けるのも大事だと思います。

こうしてお金を持ってきてもらえる道を作っておかないと、何も道がなかったら、神様が願いを叶えてお金を持ってこようとしても、大きなお金は渡せない、ということになります。

そして、忘れてはいけないのが、神様はギャンブルのお願い事は叶えてくれない、ということです。

ですので、〝どうして〟金運をいただきたいのかを明確にします。

それが部屋のリフォームのためなら、「部屋をリフォームしたいので、その手付金が〝どこからか〟入ってきますように！」というふうにお願いすると、叶いやすくなるわけです。

くれぐれもうっかり「宝くじで、リフォームの手付金が入ってきますように！」と言わないように気をつけます。

〝宝くじ〟のひとことで、はい、ブー、帰って、帰って！　と「即！　却下」になります。

神仏を感じる力を育てよう

誰にでも神仏を〝感じる力〟はあります。その力に気づきましょう、その力を磨きましょう、と私はこれまでずっとブログや本で言い続けてきました。

ブログを始めた当初、「私には霊感がないのでわかりません」というメッセージがたくさん届き、多くの方が「自分には霊感がまったくない」と思い込んでいることを知って、とても驚きました。

霊感は誰にでもありますし、皆さん「なんとなくイヤな感じがした」というふうに、ちゃんと感知しているのです。

それを〝ない〟と思ってしまうと、せっかく持っている力をみすみす錆《さ》びつかせてしまうことになります。それはもったいないとずっと思ってきましたが、1冊目の本を出してから読者の方からのメッセージの内容が変わってきました。

「私には霊感がないと思っていたので、いままでは全然気づきませんでしたが、本に書いてあった参拝方法を試して本殿を見ていたら、優しい雰囲気をなんとなく感じることができました。ありがたくて涙が出ました。こういうことなんですね。感じ方がちょっとわかってきました。識子さん、ありがとうございます」

このようなメッセージが多く届くようになりました。

読んでいるこちら側で、「そうそう、それなのです。自分で感覚をつかむことができて、良かったですね～」と答えています。

これが、まさに神様を感じる能力を育てるスタートです。

つまり、〝なんとなく〟でも感じていることに気づき、それを育てていくことが大切なのです。この方のように優しい雰囲気というほんわかしたものに気づくためには、まず、神社に行ったらおしゃべりをやめて心を静かに研《と》ぎ澄ませ、五感をフルに働かせて、お社を見たり、風の音や鳥の鳴き声に耳を澄ましてみることです。

そして、「神社に行ったら清々《すがすが》しい気分になった」「心が晴れやかになった」「なぜだか感動して涙が出た……」など、〝なんとなく心地よい感触を抱く〟ことができたら、その体験を増やしていくことが重要なのです。

他の著書やブログにも書いていますが、神仏からの〝歓迎のサイン〟に気づくこともその感覚を得ることに役立ちます。

いきなり「神仏の声が聞きたい！」と先を急ぐと、せっかく感じている〝ご神気〟〝神様の波動〟を取り逃してしまいますので、焦りは禁物です。おぼろげな感覚を積み重ね、筋力を鍛えるように少しずつ力を伸ばしていきます。

私も、すぐに神仏の声が聞こえるようになったわけではありません。いろいろな試行錯誤や修行ののちに、神様の声がわかるようになったのです。

日頃からポジティブな言動を心がけたり、人格を磨く努力を重ねて自分の波動を高めたり、神社仏閣に行って高い波動を浴びたり、自分から神様にたくさん話しかけてみることも大切です。〝感じる力〟が高まり、神仏とつながりやすくなります。

いずれにしても、コツコツ地道に力を伸ばしていくことが最善にして唯一の方法で、残念ながら短期習得法といったものはありません。

でも、だからこそ、「今日も良い『気』を感じられた、良かった〜」とか「日射しがポカポカと暖かくて、神様が歓迎してくれていることがわかってうれしかった。神様、ありがとうございます！」と、その過程を明るく楽しめるわけです。

その様子を見守っている神仏も、そのようにうれしそうに努力している人をいとおしく思うのです。

〝感じる力〟を焦らず徐々に育てていって、神仏が大好き！　という気持ちを忘れず、日々感謝とともに心正しく暮らしていれば、いつか必ず神仏の声を聞くことができるようになるはずです。

神社の神様も、お寺の仏様も、そのような人が大好きなのです。この本を読んで、「そこに気づきなさい」と示されていることからもおわかりになると思います。

神仏の愛情を信じる……すべてはそこからなのです。

第七章

パートナーと歩む人生

――私と元夫の場合

ソウルメイトでも離婚をすることがある

私と元夫は多くの過去世を一緒に過ごしてきたソウルメイトです。しかし、どの人生でも必ず生涯のパートナーとして過ごしたのかというと、そうではなく、元夫が父親だった人生がありますし、パートナーではなかった人生もあり、出会わなかった人生もあります。

ソウルメイトは1人だけではありませんから、元夫と出会わなかった人生では別のソウルメイトと人生をともにしたり、時には他のソウルメイトと大きなことを一緒にやったり、社会に貢献したり、いろいろな経験をしています。

元夫もそうです。私と出会わなかった人生では他のソウルメイトと過ごしたり、何かを一緒に成し遂げたりしているのです。

ソウルメイトは見えない世界での魂の仲間です。心から信頼できる仲間であり、非常に強い絆で結ばれている人たちです。

地上での生活はつらいことや苦しいことが少なくないので、生涯をともにするのはソウルメイトがいい……ということで、生まれる前にソウルメイトと約束してくる人が多いのです。

ソウルメイトと出会ったら、そこから先は一生仲良く、幸せに暮らすのだろうと思われている方がおられるかもしれません。実際にそのような人生を過ごしている人もいます。しかし、なかには人生の途中までしか一緒にいない計画の人もいて、離婚する人もいます。

人生の計画は人それぞれです。今世で学ぶべきことも、今世でしなければいけないことも人によって違います。個人の魂の計画はそれぞれなのです。

ですから、ソウルメイトと出会って結婚をし、一生仲睦《むつ》まじく暮らすという人がいれば、一時期一緒に過ごすけれど、そのあとは別の人と人生を歩んでみるという人もいますし、ソウルメイトと別れておひとりさまを体験してみるという人もいるわけです。

ソウルメイトとの関係もさまざまな形があって、私のように離婚しても仲良しというパターンもあります。そこでこの章では、ソウルメイトでありながら、なぜ離婚をしたのかという理由について、ちょっと書いてみたいと思います。

主夫となった元夫

あまり細かいところまで書くと個人情報がバレバレなのでバレない程度に、また、私が公開したくないと思うことは書きませんので、そのあたりはご了承ください。

元夫との結婚生活はケンカも時々しましたが、おしなべて仲は良く、明るい家庭だったと思います。会話の絶えない、笑顔の多い夫婦でした。お互い相手に特に大きな不満はなく、このままずっと一緒にいるのだろうと思っていました。

そんな時に元夫が難病にかかりました。

現在はほとんど炎症を起こさず、食べる物にさえ気をつけていれば、問題なく過ごせるようになっていますが、難病にかかった当時はしょっちゅう激しい炎症を起こしていました。

激しい炎症を起こすと救急車で搬送されて、そのまま即入院です。入院すると退院まで大体2、3週間かかります。

のんびり入院して完全に良くなってから退院することはまれで、ほとんどは無理を言って数日で退院させてもらっていました。彼の仕事の都合上です。元夫は責任感と正義感が人一倍強いので、仕事に関しては強いこだわりがあったようです。

激しい炎症を起こすことは半年に1回、多い時は2、3回ありました。

症状がだんだんエスカレートしていって、このまま死ぬかも？　という危険な状態になったこともあって、さすがにその時は医師に退院を止められ、3週間ほど入院しました。

その後も炎症をしょっちゅう起こし、入退院を繰り返していました。退院しても痛みでうんうん唸《うな》ることもあり、簡単に治らない難病ですから、もう良くなることはないかもしれない……と、元夫も私も覚悟をしました。

いちばんひどい症状だった時は退院後も一向に回復せず、常に腹痛があり、めまいもあって、とてもじゃないけれど働ける状態ではありませんでした。

しかし、お腹のなかのことなので、ケガのように誰が見てもつらさがわかるものではなく、元夫の苦しみは誰にも理解してもらえなかったのです。会社内でいろいろと難しいこともあって元夫は退職しました。

当時の元夫の体の状態では、当面仕事をすることは無理でした。そうなると私がフルで働くしかありません。そこで、私は介護の資格を取得して、介護職に就いたのです。私が正社員として働いて、しばらくは元夫に家事をしてもらうことにしたのです。

体の調子が良くなれば、フルでもパートでも働けるほうで働けばいいし、このときはとにかく回復してもらうことが最優先でした。

家事をしたり、家で映画を見たり、読書をしたり……のんびりしてもらって、体調を整えることに専念してもらうことにしたのです。私の稼ぎでは贅沢はできませんが、貯金もあったので、しばらくは問題なくやっていけるという計画でした。

こうして私が働いて、元夫が主夫になるという生活が始まりました。

最初は順調でした。家事をしたことがない元夫は楽しく洗濯をし、洗いものをし、掃除をしていました。

養ってもらうことが苦痛に……

平和にその生活が続いていたのですが、だんだん元夫の口数が少なくなっていきました。私があまりにも疲れていて帰宅後に横になっていたら、それまでは「お疲れさま」と言ったり、ねぎらってくれたりしていたのに、機嫌が悪くなるのです。

そのうち、ブツブツと文句を言うようになりました。

「オレなんかじゃなく、他の人と結婚すれば良かったと思ってるんやろ」とか、「とんだお荷物を背負《しょ》いこんだと思ってるんやろ」とかです。

「どうせオレのことなんか、もう嫌いなんやろ」とも言っていました。

どうしてこのような卑屈な発言をするのかと言いますと、元夫は「嫁さんはオレが食わせる！」という……まぁ、なんと言いますか、古風な考えの人なのです。

ですから、自分が働いていた時は、私がパートで稼いだお給料を「家に入れなくていいからな～」と言い、「自分のために、好きなように使い～」とニコニコしながら言っていたのです。

そのような考えなので、嫁さんを働かせて家でのんびりしているオレ、という状況がヒモになったように感じるのか、どうにも我慢ができないみたいでした。

年齢は私のほうが上です。その点からも、年上で自分よりも疲れやすいのに、嫁さんを働かせて遊んでいる、楽をしているオレ、という立場が本当にイヤだったようです。

病気は難病ですから回復しないかもしれず、この先働くことができるのだろうかと不安になったり、焦ったり、落ち込んだり……精神的にかなり不安定でもあったようです。

家に1人でいて、私が帰宅するまで誰とも会話をしないため、私が帰ってきたら話をしたいわけです。もともとおしゃべりな人なので、話をしたい気持ちが強いのです。けれど、帰宅した私はしんどそうだし、かわいそうだと思うのか、明るく会話をすることが減っていきました。

「オレはクズだ」とか、「オレはヒモだ」とか、「幸せにするから結婚してほしいと言ったのが嘘になった」とか、そのような後ろ向きの言葉を……というか、グチを、毎日毎日繰り返し言っていました。

私のほうは仕事を終えてヘトヘトになって帰っているのに、グチをしつこいほど長々と聞かされるわけです。寝るまで言われ続けると、私のほうも気持ちが後ろ向きになり、心身ともに本当に疲れ果てていました。

すると、元夫はますます卑屈になっていくのです。「オレみたいなダメな男は生きている価値がない」とまで、本気で言うようになりました。

元夫は前述したように、責任感と正義感が尋常じゃないくらい強い人です。ああ、これって、精神的に本格的にやばいんじゃないかなぁ……と思いました。一緒にいることが……私が働いて元夫を養うという生活が、彼にとってはマイナス以外の何ものでもなく、ものすごく苦痛だったのです。

こうなったら離婚するしかないのでは……と2人で真剣に考え、話し合い、そして離婚をしました。元夫は実家に戻り、私はひとり暮らしを始めたのです。

2人の関係がハイペースでどんどん悪化していっていたので、離婚をしたことは正解でした。離婚後、元夫はストレスから解放されたためか、体調は徐々に良くなり、しばらくしてまた元の職場に再就職できました。

もうひとつの深い意味

現在（2020年）、元夫の病気は驚くほど軽くなって、炎症はほとんど起こさず、食事もしっかりできるようになっています。離婚した当時は体調が常に悪く、精神的なストレスもあったため、体重がビックリするくらい減っていました。現在は健康的にちょっとふっくらしていて、いい感じです。

バリバリ働けるようになって、また養えるという自信が出てきたあたりから、「結婚せえへん？」と、時々言っていますが……お断りしています（笑）。

ふたたび病気が悪化しないとも限らず、そうなった時の彼の精神状態が怖いので、たぶん一緒になることはないと思います。あの、人が変わった元夫のことは私のトラウマになっていて、同じ経験をするのは絶対にイヤだという思いもあります。

もしもまた、病気が悪化して働けなくなったら、もちろん全力でサポートをしますが、妻ではないので元夫の気持ちも楽だろうと思います。

現在は2人ともひとり暮らしで、徒歩10分という距離にあるお互いの家を週末に行き来しており、とてもいい関係で過ごしています。ケンカをしても、離れて暮らしているため大きく発展することはなくすぐに仲直りをしますし、外でデートをすることも多くなりました。

私たち2人にとっては、この形がいちばん良かったのです。

そして、私はひそかに、この離婚には実は深い意味があったのではないか、と思っています。

離婚をしたことで私はひとり暮らしになり、休日も自由に出かけられるようになりました。結婚していた時の休日は掃除や洗濯、アイロンがけなど家のことをしたり、元夫と買い物に行ったりしていたのです。

遠慮なく出かけられることで神社仏閣に行く回数が驚くほど増えました。せっせとあちこちに参拝し、修行もし、そうすることで見えない世界の知識が飛躍的に増えたのです。

ひとり暮らしですから、平日の夜などは会話をする人がいません。でも、そこには自由な時間がありました。

神仏に教えてもらった、たくさんの貴重なことを自分1人だけで独占するのではなく、多くの人にシェアしたほうがいいのでは？　と思うようになり……それで、ブログを書き始めたのです。

私の場合、文章は1人きりの空間でなければ書けません。同じ家に誰かがいたら考えがまとまらず、うまく文章にできないのです。ですから、元夫と一緒に暮らしていたら、ブログは書いていなかったと思います。

書いている時は食事が不規則ですし、お風呂の時間もそうです。ひとり暮らしだから、自分の好きな時に食事をして、それもカップ麺ばかりでもOKですし、夜中まで書いてもいいわけです。でも誰かと暮らしていたら、そのへんも気にしなければなりません。

ブログを書くために……さらには本を書くために、1人にしてもらったのだろう、と思っています。元夫の難病は性格の矯正なのですが、離婚前の常軌《じょうき》を逸《いっ》したあの言動は、いまとなっては「私のためだった」と思えて仕方がないのです。

彼はソウルメイトですから、生まれる前にお互いの人生計画を話しているはずです。

今世で見えない世界のことを発信したい、という希望を私が語り、それを聞いた元夫が、

「わかった！　その時が来たら神社仏閣に多く行けるように、書くことに専念できるように、オレが段取りをつけるよ」

と、サポートを約束したのかもしれません。そして、それを実行してくれたように思うのです。

現在、ふたたび一緒に暮らすことを私が断っているのはブログや本が書けなくなるから、という部分も大きいです。

このように、ソウルメイトとは離婚をすることもあります。

生涯のパートナーといってもいろんな形がありますから、離婚をしても別の形でつながっている人もいると思います。私と元夫はそのような形の一例なのです。

元夫とのエピソードー　救急隊員に勘違いされた⁉

一時期、塩風呂の効果についてあれこれと実験をしたことがあります。その結果、塩風呂には浄化作用があって、悪いものを落とす効果があることがわかりました。

神棚には塩と同じようにお酒もお供えします。もしかしたら、お酒にも何か浄化パワーがあるのかもしれないと思った私は、日本酒風呂も試してみたことがあります。

お酒はバスタブにちょびっと入れたくらいではダメだろうと思ったので、多めに入れられるように、かつ、何回か試すために一升瓶サイズの大きな紙パックを買いました。

当時はまだ、元夫と結婚生活をしていました。

夜の11時過ぎだったと思います。2人でのんびりとテレビを見ていたら、元夫が「お腹が痛い」と言い出しました。

お腹が痛くなっても、痛いだけで治まる時もあるので、2人とも、「ま、大丈夫だろう」と思っていましたが……痛みはだんだん増していき、「やばい、吐き気もしてきた」と言います。

ええーっ！　と、青くなったのは私です。というのは、その日テレビを見ながら、たまたまジュースみたいなワインをちょっぴり飲んでいたからです。

私はお酒に弱いので滅多に飲まず、飲むのは半年に1回くらいです。その時はずいぶん前に買っていたものを、捨てるのはもったいないし……ということで飲んだのでした。

アルコールに弱い私は、アルコール分がたとえ3％でも、飲むと顔が真っ赤になり、それが当分引きません。

元夫は間隔をあけて2回ほど吐いたあと、吐き気が止まらなくなり、お腹も激痛となってまったく動けなくなりました。腸閉塞です。こうなると、へたに動いたら腸に穿孔《せんこう》が起きる可能性があるため救急車で病院に来るように、と主治医に言われているので、救急車をお願いしました。

救急隊員3名が来られた時、元夫はトイレから出られず、ゲーゲーしていました。救急隊員の方が、

「動けますか?」

と聞くと、元夫が、

「いまは無理です」

とゲーゲーするので、落ち着くまで救急隊員の方は待機していました。

トイレは脱衣所の横にありました。3人の救急隊員は待っている間、なにげなく脱衣所のほうを見て……一升瓶サイズのお酒を見つけました。

その瞬間、3人とも「!」となり、一斉に私のほうに顔を向け、無言で私の真っ赤な顔をじぃぃーっと見つめたのです。この嫁はんは夫がこんな大変な時に、風呂で酒なんか飲んでいたのか……という目です。

ちっ、違います! それは、酒風呂用なんです! とは言えず、気まずいま

ま黙っていました。

元夫は血を吐き、激痛のため、ちょっとでも動かすと猛烈に痛がります。救急隊員2人が元夫を抱えるようにして玄関まで運び、ストレッチャーに乗せてくれました。

救急車に乗って、私にいろいろと質問をしている間も視線は冷たいままでした。元夫は救急車のなかでもゲーゲーしていて、救急隊員の方が背中をさすりながら、「あと5分で着きますからね。もうちょっとですよ」と言ってくれているその横で、嫁は酒で真っ赤な顔をしているわけです。

うう〜。いま、思い出しても冷や汗が〜。

病院に着いて救急車が帰る時に丁寧にお礼を言うと、救急隊員の方は笑顔で応えてくれましたが、本当に恥ずかしかったです。

何日かして症状が落ち着いた時に、元夫が、

「識子ちゃん、あん時、救急隊員にごっつ睨《にら》まれてたやろー。クックックック」

と笑っていました。ゲーゲーしながらも、そこはしっかり、「誤解されてる

なー」と見ていたのです。

このようなイタい誤解を受けながらも試した日本酒風呂ですが、塩風呂のような浄化作用はありませんでした。ただ、お肌はツルツルになります。美肌効果はありました。

この出来事はいつ思い出しても胃がキリキリと痛い……そんな思い出です（笑）。

元夫とのエピソードII　間取りで意見の食い違い

先日、元夫と話をしていて、人生でいちばん幸せだと感じたのはいつだったか、という話題になりました。

元夫が幸せ絶頂期だと感じているのは、私と結婚していた時、のんびりとこたつに寝転がって好きな映画を見ていたシーンだと言います。

現在、彼は仕事に忙殺されていて残業も多く、会社でイライラすることもしょっちゅうで、休日も仕事に追われています。そのようなセカセカした人生とは違った、ゆったりとしたあの当時がいちばん幸せやったなぁ、と言うのです。

そこでふと、思い出したことがあります。元夫は転職を何回かしています。会社を変わる時は、辞めてその翌日から次の会社へ行くということはなく、そこにはある程度の余裕がありました。そんな時のお話です。

ある日、私が新聞に入っていたチラシをまじまじと見ていたら、元夫が、

「何、見てるん？」

と、質問をしてきました。

「マンションのチラシ〜」

「へ〜、オレも見る」

と、そばに寄ってきました。私が見ていたのは新築分譲マンションの売り出しチラシです。そこの最上階、東南角住戸、４ＬＤＫの間取りを「いいな〜」と見ていたのでした。

元夫がそばにやってきたので、２人で頭をくっつけるような格好でチラシを熟読しました。彼もこの物件を気に入り、

「ほ〜、なかなかええやん」

と上機嫌で言います。

「やろ？　ここを私の部屋にするねん」

角住戸ですから、バルコニーがL字型になって2方向に広々とついていています。私が指をさしたのはそのL字型の角っこになる6畳の部屋です。窓もふたつついていますから、明るそうです。

「で、◯◯（ここには彼の名前が入ります）ちゃんは、こっち〜」

と、指さしたそこは、物件の中央にある廊下とお隣さんとの壁に接している7畳の部屋です。玄関を入ってすぐの左手で、窓はありません。

「えーっ！　そこはイヤや！」

と元夫は拒否をして、

「オレ、ここがいい。こっちにする〜♪」

と別の部屋を選びました。バルコニーに面した11畳のいちばん広い部屋を自分の部屋にすると言うのです。

「ダメッ！　そこは寝室！」

「じゃあ、オレの部屋はどこになるん？」

「だから、ここだって。この7畳」

「えーっ！　イヤや！　それやったら、このマンション、買わへん！」

うぷぷ、といまでも笑ってしまいます。

ええ、そうです、当時彼は転職のすき間にいましたから無職だったのです。

そして私はパート勤め……。逆立ちしたって買える状況ではなかったのです。

たしかにあの時期は面白かったなぁ、楽しかったな〜、と私もほのぼのと思い出しました。そんな幸せな日々でのひとコマです。

元夫とのエピソードⅢ　メガネ屋さんで

元夫と私は近眼です。私は家のなかでしかメガネをかけないので、メガネにそんなにこだわりはありません。しかし、元夫はコンタクトレンズが合わないため、外でもメガネをかけていることが多く、こだわりまくりです。

ある日、「このメガネ、軽くてええで！」と外国のメガネフレームを教えてくれました。持ってみたらたしかに超軽量で、イライラすることなくかけていられそうです。

強度近視の私のメガネは非常に重たいのです。牛乳瓶の底タイプなので、長くかけていると重たくてイライラしますし、肩もこります。

「これだったらストレスなくかけていられそうやん！」

ということで、私もネットでそのフレームを購入しました。元夫も少し形が違うものをもう1個買っていました。フレームだけしか買っていないので、レンズを入れてもらいにメガネ屋さんに行かなければなりません。

そこで2人で、レンズ加工の技術がピカイチというメガネ屋さんに行ったのです（最近の話です）。

店主のおじさんは65歳前後というところでしょうか。長年、メガネ屋さんで頑張ってきました、という職人気質《かたぎ》の方でした。

私と元夫の3人で話をしている時、おじさんは「この2人、夫婦？　それにしては年の差があるけど……」と思っていたようです。それが思いっきり顔に出ていました。

話をしたあとで、順番に視力を測ることになり、ここでおじさんは、ちょっと「ん〜〜〜」と考えて……、

「ご主人から先にどうぞ」

と言いました。

おぉ〜、さすが年の功、おじさん、人を傷つけない方法を知っているな〜、

と感動です。年齢差があっても夫婦ということにすれば、たとえ違っていても女性を傷つけないし、失礼ではありません。さすが何十年も接客をしてこられただけある、プロだなと思いました。

で、おじさんは元夫のことを、ご主人、ご主人と呼んで視力検査を終了し、元夫はどのレンズにするのかを決めました。次に私です。

「では、奥さん、どうぞ」

ちゃんと夫婦として見られるのは久しぶりだな〜、と思いつつ、視力検査をしました。

まずは遠くの文字で視力を測り、次に手元が見えるかどうかのチェックです。私は、老眼はほぼないくらい手元は見えるのですが、それでも若者に比べたら極小の文字は見えにくいです。おじさんが、

「ちょっと見えにくいですか?」

と聞きます。

「ええ、ちょっと見えにくいですね〜」

「年を取ったら仕方がないですね。目にきますからね」

「そうですね。年齢は確実に体に出ますよね」

「年を取ると誰でもこうなりますから、普通ですよ」

というような会話をし、なぜか会話の途中あたりからおじさんは急に機嫌が良くなってニコニコしていました。ここで何か、自分なりに納得したらしく……代金の話になった時に、こう言いました。

「お母さんのほうは近視が強いので、この金額になります」

は？　お母さん？

ほんの数分前までは「奥さん」と呼びかけていたのです。

いきなり「お母さん」に変えるのはおかしいのではないでしょうか？　というか、ある意味度胸あるなー、と思いましたが、おじさんは自信たっぷりのオーラを放出しまくりです。

「息子さんはこの金額ね」

ひ〜！　息子！

元夫はおじさんの意識のなかで息子になっていました。

ついさっきまで、ご主人、ご主人と連呼していたのに、それっていいの？と思ってしまいますが、「いいえ、僕は最初から息子さんと呼んでいました！」という雰囲気なのです。

奥さん・ご主人と呼んだことはなかったことにしよう！　と決めたみたいで、なんの躊躇《ちゅうちょ》も照れもなく、私をお母さんと呼んでいました。「僕はね、ちゃんと見抜いているんですよ」といったところでしょうか。

お母さん・息子さんと呼ばれても私たち2人がニコニコしているので、「やっぱ、こっちだな！　間違っていないんだな！」と思っていることが伝わってきます。

いえいえ、おじさん、奥さん・ご主人と言われていた時も、私と元夫は否定していなくて……それはつまり、「間違えていませんよ」という意味だったのですが……と思いましたが、わざわざ訂正することでもないし、訂正すればおじさんは「お母さんと言って失礼しました」と謝らなければなりません。謝らせるようなことでもないし、まぁ、いいか、とそのまま流しました。

年の差があると、こういうことはよくあります。よくあることなので、気にしていたらきりがなく、ハイハイと聞いていました。

最後に、でき上がったらどちらに電話をしたらいいのか、ということをおじさんが質問してきました。

元夫は勤務中に電話が取れないので、

「識子ちゃんでええやろ」

と言います。

私と元夫はつき合った当時から変わらず、いまもお互いを「ちゃん付け」で呼んでいるのです（笑）。長く一緒にいますが、途中でうまく変化させることができませんでした。

おじさんは息子だと思っていた男性が、母親だと思っていた女性をちゃん付けで呼んだのを聞いて、「ひぃーっ！」という顔をしていました。

こういう時、非常に申しわけなく思います。逆に「おじさん、ごめんなさい」という気持ちになるのです。

おじさんはその後もにこやかに接客をしてくれましたが……二度と呼びかけることはありませんでした。

元夫とのエピソードⅣ　金曜日出発の旅行にて

私と元夫の趣味は全然違うのですが、東京に来てからはちょこちょこと一緒に旅行に出かけることが多くなりました。東京で暮らせるのはあと何年あるのかわからないので（転勤の可能性があるからです）、近場の観光地をできるだけ見ておこうと考えています。

出かける時は週末の土日がほとんどですが、ある時、「土日に旅行をしたら休んだ気がしない」と元夫が言いました。日曜日にのんびりしなかったら、月曜日からの1週間がしんどいと言うのです。

ははぁ、なるほど〜、ということで、金曜日の夜から1泊2日で出かけたことがあります。

金曜日の夕方に、元夫の会社の近くでレンタカーを借りることにして、カフェで待ち合わせをしました。

早めに行って待っていたら、仕事を終えた元夫がやってきました。その時の服装は、もちろんスーツにコートを着た姿です。仕事用のビジネスバッグも持っています。

「先にトイレで着替える？　それとも、レンタカーを借りて車のなかで着替える？」

そう聞くと、元夫は微妙に微笑んで、

「あ〜、着替えな〜。持ってきてへん」

と言います。

「え？　持ってきてないって……その格好で観光地と温泉旅館に行くつもり？」

「洋服な〜、かさばるねん」

服だけじゃなく、靴も持ってこなければいけないので、そうすると会社に行く前にコインロッカーに寄らなければなりません。面倒だし、時間がかかるのがイヤだ、ということで、洋服は持ってこなかったと言うのです。

「スーツでもおかしくないやろ？」

「おかしいかおかしくないかで言えば、おかしくはないけど……」

カジュアルな観光地でその格好は浮いてしまうのでは？　と思いました。しかし、着替えのために元夫の自宅に戻るのは時間がもったいないので、そのまま出発したのです。

車を飛ばして温泉地に着き、旅館のフロントでチェックインをしました。私の名前で予約、事前決済をしていたので、私がフロントへ行くと、年配の男性が応対してくれました。

名前を言うと、鍵をスッと出して、

「朝食なしの1泊のご利用ですね」

と確認をします。元夫はなんでも食べられるわけではないので、朝食はつけないことが多いです。ハイ、と答えると、次にひそひそとささやくような小声でこう言いました。

「お部屋の場所はおわかりだと思います。ごゆっくりどうぞ……」

え！　初めて来たので館内の案内をしてもらわなければ、何がどこにあるのか、さっぱりわからないんですけど？　と思った私は、

「すみません、お部屋がどこなのか……ちょっとわからないです」

とマイルドに言いました。

すると、係りの男性は私の少し後方で、おみやげ品を楽しそうに見ながらぶらぶらしている元夫をチラチラと見つつ、部屋がどっちの方向にあるのか教えてくれました。そこでまた、ささ、どうぞどうぞ、みたいな雰囲気になったのです。

「あの？　大浴場はどちらでしょうか？」

フロントの男性は「え！　大浴場に入るの？」みたいな驚いた顔をしています。というのは、私たちが予約をしたお部屋には露天風呂が付いているのです。

直前に出かけることが決定して、ホテルの検索をしてみたら、すでにどこも

予約でいっぱいでした。東京近郊にある温泉地は週末になるとどこもすごく混んでいるのです。それで仕方なく、空いているところでいちばん安い部屋を予約したら、この旅館の露天風呂付きの部屋だったのです。

露天風呂が付いていても大浴場には入りたいですし、交代で入るには時間もかかりますから、私は大浴場に行こうと思っていました。

係りの男性はまたしても、元夫をチラチラと見ながら、大浴場の説明をしてくれました。

ああ、なるほど……と、ここで理由がわかりました。

つまり……係りの男性は私と元夫が人目を忍んだ関係である……と勘違いをしているのです。それで、フロントに長々といさせてはいけないと気を遣ってくれたみたいです。

改めて私たちを見てみると、私はカジュアルな服装ですが、元夫は仕事帰りにそのまま来ましたというスーツ姿です。ビジネスバッグまでパリッと持っていますから、「あ、いまから出張ですか?」という格好です。妻に出張だと嘘をついて泊まるんですよ～、と言っているような姿なのです。

しかも……元夫は結婚指輪をしていますが、私はしていません。介護の仕事を始めた時に指輪をはずし、その後ぽっちゃりしたため、指輪が入らなくなって……つけていないのです。

しかも、年齢差は一目瞭然《いちもくりようぜん》ですし、女の私のほうがチェックインをしているのです。

わけありのカップルに見えないはずがない、という2人でした。係りの男性が、耳打ちするようなささやき声で案内したのも、思いやりだったのです。

うわぁ、誤解させてすみません！　全然わけありじゃないんです、と思いましたが、これもわざわざ言いわけするのも変なので、そのまま鍵を受け取りました。

翌日、チェックアウトする時の係りの人も、旅館を出る時にサービスで缶コーヒーを配っていた男性2名も、目を合わさないように気配りをしていました。

「ンモー、そんな格好で来るから……」

「ええやん。わけありなんやなー、と思われただけや」

と、ここでは楽観的な元夫でしたが、その後、観光地で見事に浮きまくり、

「うわー、オレ、浮いてるなー」

と自覚していました。

さらに、走行中の車の助手席で、

「この格好やったらくつろげへん！」

「休みの気分ちゃうわー」

と1人で騒ぎまくり、上着を脱いで、靴も脱ぎ、ウエストも緩めていました。そこで、ふぅ、とひと息ついています。

「休みの気分になった？」

「うん。やっと、休みのスイッチ入ったわ。もう降りたないから、このままドライブしよ」

「はぁー？」

「また靴履いたり、上着着るん、面倒やねん」

「なんじゃ、そりゃ。だから、着替えを持っておいでね、って言ったやろー」

元夫はすでに人の話を聞いておらず、休日気分に合う音楽をスマホから車のスピーカーへ流し、「この曲、ええやろ♪」などと言い、ドライブをエンジョイしていました。

結局、このあとはドライブでの観光となり……これ以降、金曜日に出かけることはなくなりました。

おわりに

この本を読んでいただき、ありがとうございました。

少し前に、夕方の情報番組で放送されていた内容が、とても印象的でしたので、ここでご紹介をしたいと思います。

5歳の男の子が、練習をしてもなかなか自転車に乗ることができない、というところからその特集は始まりました。

昔と違って、いまは自転車に乗る練習をする場所がとても少ないのだそうです。母親が乗り方を教えているのですが、うまくいかなくて男の子は自転車に乗ることをマスターできません。マンション前の道路で練習していましたが、取材のその日も、男の子は乗れずじまいでした。

これは大阪なのか東京だったのかわかりませんが、どこかの公園で自転車教室が開催されているそうです。指導員は高齢者の部類に入る年齢のおじさんたちですが、自転車業者だとテレビでは紹介していました。

つまり、その世界のプロ、というわけです。

最初はペダルを取った自転車に乗って歩くことから始め、その後、両足で地面を蹴って自転車を進めていました。次に、ペダルをつけた実際の自転車に乗って走ります。

後ろの荷台部分をおじさんが持ってあげて、一緒に走るのです（高齢なのにおじさん、すごいです）。しばらく走ってから手を離すのですが、男の子の自転車はグラグラしてうまくいかず、すぐに倒れてしまいます。そしてついに、派手に転んでしまいました。

男の子は休憩室に行って休んでいます。まだ5歳ですから、そこで泣いて、もうイヤだ、というようなことを母親に訴えます。

母親も、泣いてイヤがる子どもに無理強いをさせるのはかわいそう……と思ったようで、その日は「もうやめようか？」という雰囲気になっていました。

そこに、指導員のおじさんがやってきて、

「さぁ、頑張ろう！」

みたいなことを言って、有無を言わせず男の子の手を引いていきます。

男の子は「え？」と戸惑っていましたが、おじさんがフツーに、

「できる、できる。さ、行こう」

といった感じで連れていくので、言われるがままに練習を再開しました。

その後も何回か転んでいましたが、男の子は転んでも泣かずに頑張り、その結果、ついに乗り方をマスターしていました。

自転車にカメラが取りつけてあって、乗っている男の子の顔が映されています。男の子は、風が気持ちいい～、うわぁ、気分爽快《そうかい》！　うれしいなぁ～、という表情で乗っていて、自信に満ちたその顔は、先ほど泣いていた子とはまるで別人でした。

そのシーンを見て、人生も同じだと思いました。

努力がイヤだからあきらめる、しんどいからやめることは簡単です。楽です。けれど、そこであきらめてしまったら、〝達成することができる自分〟と〝自信〟が手に入りません。

そうなると、どうせ何をやってもダメだし……と自分を低く見てしまう原因を作ることにもなりかねません。

そこを頑張って達成すると、やればできる自分に気づき、自信も手に入れ、風を切って走る爽快感を知り、世界も広がるわけです。

この例で言えば、自転車に乗れないままでいる男の子と、乗れるようになって、いろんなものを手に入れた男の子が見る世界は全然違います。

人生には、イヤなこと、つらいこと、苦しいことが必ず起こります。

「どうして私だけがこんな目にあうの？」

「何にも悪いことはしてないのに！」

「もう生きていくのがイヤになった……」

と、とことん落ち込むこともあるかと思います。

でも、そこを乗り越えれば、大きく成長する自分が待っています。乗り越えたからこそ手に入る素晴らしいものもたくさん用意されています。未来の自分に聞くと、あのつらい出来事があって良かった、と言うはずなのです。

でも、本当につらい……と思った時は、この男の子を思い出すといいかもしれません。

前だけを見て走るのではなく、後ろを振り返ると、そこには神様や仏様、守護霊がしっかりと荷台をつかんでくれています。

手を離しても大丈夫なその時まで、後ろで見守ってくれています。

頑張れ、頑張れ、と応援してくれているのです。

人生という自転車は自分でこがなくてはなりません。けれど、その後ろにはあふれんばかりの愛情を持って、見守り、サポートしてくれている神仏がいるのです。

「そうか〜、だったら、私は大丈夫だな」と考えて生きていくと、そのうち道は必ず開けていきます。神仏を知るということはそういうことなのです。

〝人生の計画〟の見つけ方——文庫版おわりにかえて

何か人の役に立つことをしたい、社会に貢献したい、その気持ちは強くあるのに、自分が何をすべきなのかがわからない……という方がいらっしゃると思います。そのような方へのアドバイスです。

人間には、今世はこういうことをしてみよう、これをぜひやってみたい、というものがあります。それは魂が「やりたい」と思うことであり、その計画は生まれる前に立てています。やりたいことを実行するために必要となることも、同じように人生計画に組み込んでいます。

たとえば、化学物質は人体に良くないから、なるべく自然のものを使いましょうという啓発活動をする計画を、生まれる前に立てたとします。

その人は子どもの頃から委員長などになって、人にわかりやすい話し方ができるように、またしっかり理解してもらえる話の組み立て方をするように、練習していたりします。

化学物質の怖さを知るためにアレルギーがあるかもしれませんし、情報をうまく集められるように、図書館やネットサーフィンが好きかもしれません。人前であがらないような練習をしていることもあると思います。このようにして、気がつくと計画を実行できる人物になっているのです。


私を例にしますと、スピリチュアルな情報を発信したいという計画を立てていました。この計画を実行に移せるように、また継続できるように、魂は人生のあちこちで準備を整えてきました。

私は両親に絵本を読んでもらった記憶がありません。本は自分で読むものでした。母のいちばん下の妹である叔母は、私が2歳になる直前は小学校6年生で、学校がお休みの時に私に文字を教えてくれたのです。

根気よく教えてくれたおかげで私は2歳になる少し前に文字が読めるように

なりました。そこからは絵本はすべて自分で読み、本を読む楽しさを知りました。読むことが楽しかったので、作文などを書くことも好きでした（文才があるかどうかは別の問題です）。

自分の経験を「書く」という作業を苦痛に思わなかったので、ブログを続けることができました。

最初の結婚をしていた10年の間、私はほぼ毎日運転をしていました。スポーツサークルに入っていたので週に2回、遠方にある体育館に通うのも、買い物も、すべて車で行っていました。

その頃、両親は転勤で鹿児島にいたので、当時住んでいた福岡から1人で運転をして、両親に会いにも行っていたのです。その頃は鹿児島まで高速道路が開通していませんでしたから、長時間、それも山道をくねくねとドライブして往復していました。

そのおかげでいまでも、どんなに険しい山のなかや細い道でも、たとえ外国でも運転ができます。そのおかげでどこにでも取材に行くことができます。

1回目の離婚直後には英会話を習い始めました。インターンシップ制度を利用して息子と一緒に外国に住んでみたいと思い、そのために始めたのです。離婚で心にぽっかり穴が空いていた時期だったので、思いっきり英会話にハマり、日々必死で勉強しました。

その結果、日常会話程度なら不自由しないくらいにまでレベルアップができたのです。そのおかげでいまでも、1人で海外に、個人旅行で行くことができます。

セドナでエネルギーの神様に会えたり、キリストにお話を聞きに行くことができたり、ハワイ島で失われた大陸のお話を聞けたり、ルルドの泉のことをお伝えできたのはこの時のおかげなのです。

多くの大事なことを教えてもらった介護のお仕事も、コツコツと神仏修行をしてきたこともすべてが、いまここにつながっています。人生を振り返った時に、あの時のあれは準備をしていたのだな、ということがいくつもあるのです。

私のまわりの人を観察してみても、皆さん、そうです。意識していないままに準備を整えていて、最終的に計画が実行されています。

将来、美味しい食事を出すお店を持つ計画だったら、子どもの頃から料理が好きであれこれ作っていた、お店を宣伝するためのホームページを作れるくらいのパソコンスキルがある、それまでの仕事はすべて接客業だったので接客のプロになっている、農業にも興味があって素材の善《よ》し悪《あ》しがわかる、など無意識のうちに必要なものを身につけているはずなのです。

ということは……逆に言えば、「いままで自分がやってきたこと」と「自分が持っているもの」をよく考えると、自分が生まれる前に立てた〝人生の計画〟が見えてくる、ということです。

やってきたこと、持っているもの……それらを生かせる道はなんなのか、というそこがポイントです。

人生に無駄なことはありません。一時期私は、英会話学校にお金をつぎ込んだことを「もったいないことをした」と思っていましたが、いまでは当時の自分にお礼を言いたいです。

あの時は、まだ若かったから英語もすいすい頭に入っていたように思います。この歳になって……私の場合に限ってですが、いまから英会話を始めるのは難しいように思います。

違う言語を身につけるのはかなりの根気と努力が必要だからです。単語を覚えるのは努力、努力でしたし、面倒くさがりの私は、あの苦労をこの歳からするのは……うわ〜、面倒くさいからムリ〜、と思います。というか、日常会話レベルまでいく、継続した努力ができないです。

皆様もきっとご自分を振り返ってみたら、いくつかの準備をしていることがあると思います。それらを総合して考えると、「ああ、これだ」「これかも？」と見えてくるものがあるかもしれません。

いまが準備中という方もいらっしゃると思います。なんでこれをこんなに一生懸命やっているのかな？　と思うことがあれば、それは将来使う可能性が高いです。
ちゃんと準備をしてきたのに、計画に気づかないまま過ごしている方がいらっしゃるかもしれません。それを避けるために、一度ご自分のやってきたことを熟考してみてはいかがでしょうか……というご提案を、文庫版の「おわりに」として皆様にお届けいたします。

桜井識子

著者紹介
桜井識子（さくらい　しきこ）
神仏研究家、文筆家。
1962年広島県生まれ。
霊能者の祖母・審神者の祖父の影響で霊や神仏と深く関わって育つ。
1,000以上の神社仏閣を参拝して得た、神様仏様世界の真理、神社仏閣参拝の恩恵などを広く伝えている。神仏を感知する方法、ご縁・ご加護のもらい方、人生を好転させるアドバイス等を書籍やブログを通して発信中。
『あなたにいま必要な神様が見つかる本』（ＰＨＰ研究所）、『神様が教えてくれた縁結びのはなし』（幻冬舎）、『死んだらどうなるの？』（KADOKAWA）、『和の国の神さま』（ハート出版）、『神様と仏様から聞いた 人生が楽になるコツ』（宝島社）など著書多数。

桜井識子オフィシャルブログ　～さくら識日記～
https://ameblo.jp/holypurewhite/

編集協力　阿部敬子

この作品は、2015年５月に主婦と生活社から刊行された『幸せになるひっそりスピリチュアル作法』を改題し、加筆・再編集したものである。

ＰＨＰ文庫　神仏に愛されるスピリチュアル作法

2020年５月５日　第１版第１刷

著　　者　桜井識子
発行者　後藤淳一
発行所　株式会社ＰＨＰ研究所
東京本部　〒135-8137　江東区豊洲5-6-52
ＰＨＰ文庫出版部　☎03-3520-9617(編集)
普及部　☎03-3520-9630(販売)
京都本部　〒601-8411　京都市南区西九条北ノ内町11

PHP INTERFACE　https://www.php.co.jp/

編集協力
組　　版　株式会社PHPエディターズ・グループ

印刷所　株式会社光邦
製本所　東京美術紙工協業組合

 ISBN978-4-569-76993-6

PHPの本

あなたにいま必要な神様が見つかる本

「ごりやく別」神社仏閣めぐり

桜井識子 著

勝負運、金運、人間関係運・恋愛運、健康運……専門の強い神様はどこに？　ごりやくと参拝のコツを識子さんが神仏に直接お尋ねしてきました！